全国重伝建紀行

重要伝統的建造物群保存地区

町井成史

はじめに

町井成史

南北に長く、国土の3分の2が山林である島国、日本。

都市、山間部、海辺の町。美しい自然や伝統文化、郷土料理、方言。地域によって気候も気質も文化もがらっと変わる。これほどの多様性に彩られた国でありながら、町並みに関しては均質化が進み、今日では地方都市であっても似たような風景しか見られなくなった。

かつては地域固有の風土や歴史と密接に結びついた町が全国各地にあったが、戦後の町づくりで近代化の波に洗われ、次々と消滅してしまったことが、その主たる理由である。

――蔵造りの町並みが美しい小江戸「川越」、山あいに茅葺《かやぶき》民家が立ち並ぶ合掌造り集落「白川郷」、美しい出格子《でごうし》と石畳が続く「ひがし茶屋街」。

しかしながら、「古い町並み」と呼ばれるこのような場所が各地に残っていることもまたよく知られた事実であり、そのノスタルジックな景観が人々を魅了し、一大観光地になっている場所も多く存在する。

これはひとえに、そこに住む地域の方々が町並みを守るために、たゆまぬ努力を重ねてこられた結果であり、訪れる側としては常に敬意の気持ちを抱かなければならないことではないかと思う。

本書は、国が選定した「重要伝統的建造物群保存地区(略称：重伝建)」にスポットを当て、そのすべての地区を写真とともに紹介するガイドブックのような位置づけとなる書籍である。

といわれても、あまりピンとこない方もおられるかもしれないが、実は冒頭に挙げた3カ所はすべて重伝建に選定されている。

昨今失われつつはあるものの、古い町並みは規模や質を問わなければ、まだまだ全国各地に数多く存在する。

いわば、国がお墨付きを与えた歴史的町並みの代表格である重伝建は、古い町並みに興味、関心を持つ方々を誘うきっかけとしては、格好の材料なのではないかと思う次第である。

掲載した127の地区は有名な観光地から過疎地や離島まで実に多種多様な顔ぶれが並ぶが、そのどれもが地域産業の発展や日本の近代化に大きく貢献を果たした歴史ある町である。

この本をきっかけに一人でも多くの方が各地を訪ね、それぞれの町の魅力に触れ、豊かな時間を過ごすことができれば、著者としては望外の喜びである。

【注】

・本書に掲載した内容は2024年1月時点、写真は2022~2024年に撮影したものになります。
・古い町並みはその特性上、取り壊しや修景などで景観が変わることがありますのでご了承下さい。
・各地区に掲載している地図(QRコード)は、公式データを元に手作業で作成しました。正確性を保証するものではありませんので、歩く際の参考程度にとどめて頂きますようお願いします。

目次

中国……117

四国……145

九州・沖縄……157

重伝建（重要伝統的建造物群保存地区）とは

文化財保護法が改正され、伝統的建造物群保存地区の制度が発足したのが今から約50年前の昭和50（１９７５）年。

日本には江戸時代の城下町や宿場町、廻船業で栄えた港町など古くから残る町が全国各地にあるが、歴史を持つ建造物をそのような「群」として、周辺環境も含めて保護できるようにしたのがこの制度の趣旨である。

高度経済成長期以降、都市への人口集中や産業構造の変化、モータリゼーションの進展などで歴史的な町並みや自然環境の多くが失われた。

これを受けて地域住民の間でも町並み保存への機運が急速に高まり、１９６０年代にはすでに妻籠《つまご》や倉敷、京都などの先進地域では取り組みが始まっていたが、この制度がその活動を後押しし、全国的な広がりへ繋がる契機となった。

現状調査や範囲の決定、保存計画の策定などは各市町村が主体となって行い、国は申し出があったものの中から我が国にとって特に価値が高いものを、文化財保護法第１４４条に基づき「重要伝統的建造物群保存地区」として選定する。

選定を受けた地区は、景観維持のために行われる修理や修景にかかる費用の一部に対する助成や、税制の優遇措置を受けることができる。

昭和51（１９７６）年9月に妻籠宿や白川郷など7地区が同時選定されたことに始まり、令和５（２０２３）年12月現在、43道府県１０５市町村に及ぶ１２７地区（合計面積約４０３４・５ha）が選定されている。

北海道・東北

北海道
函館[P8]北海道函館市元町末広町
黒石[P11]青森県黒石市中町
青森県
弘前[P10]青森県弘前市仲町
角館[P16]秋田県仙北市角館
秋田県
岩手県
金ケ崎[P12]岩手県金ケ崎町城内諏訪小路
増田[P14]秋田県横手市増田
山形県
宮城県
村田[P13]宮城県村田町村田
喜多方[P18]福島県喜多方市小田付
福島県
大内宿[P20]福島県下郷町大内宿
前沢[P22]福島県南会津町前沢

函館ベイエリア。金森赤レンガ倉庫と函館山を望む

函《はこ》館《だて》

【北海道】函館市元町末広町

［種別］港町

坂と港が織りなす エキゾチックな町並み

函館ハリストス正教会。現在の聖堂は大火後の大正5(1916)年に再建されたもの

[MAP]

幕末の安政6（1859）年に横浜、長崎とともに我が国最初の貿易港として開港した函館。

港から函館山の麓にかけて広がる西部地区と呼ばれるエリアには、ハイカラな洋風建築をはじめ和風、和洋折衷など明治末期から昭和初期頃に建てられた様々な歴史的建造物が残り、異国情緒漂う町並みが広がっている。

保存地区は赤レンガ倉庫群のあるベイエリアと高台の元町エリアに二分され、両者は二十間坂や大三坂《だいさんざか》、基坂《もといざか》などの坂道でつながる。元町エリアの見どころは函館ハリストス正教会や重要文化財の旧函館区公会堂などになるが、直線的な坂道の上は見晴らしもよく、元町公園からは函館港がよく見渡せる。

また、日没後はライトアップされる建物も多く、昼間とは一風変わった幻想的な光景が楽しめる。せっかくなら泊まりで訪れることをお勧めしたい。

明治43(1910)年に建てられた旧函館区公会堂。夜はライトアップされる

元町公園から眺める函館港の夜景

【交通】
JR「函館駅」から函館市電に乗り換え「末広町」下車

サワラの生垣と黒塀が武家町の名残を今に伝える

弘前《ひろさき》

【青森県】弘前市仲町

［種別］武家町

弘前城の北側に藩政時代から残る武家屋敷群

「弘前さくらまつり」で有名な青森県弘前市は、江戸時代に弘前城の城下町として誕生した。

仲町と呼ばれる保存地区は、築城当時大手門だった北門（亀甲門《かめのこもん》）の守りを固めるために整備された武家町の一部。

短冊形の地割やサワラの生垣、通りに面して連なる黒塀や点在する薬医門が、今なお往時の雰囲気をよくとどめている。

旧伊東家、旧岩田家、旧笹森家、旧梅田家の4棟の武家屋敷が一般公開されている。

保存地区の東端にある旧岩田家住宅

【交通】
JR「弘前駅」から弘南バス乗車、「亀の甲門前」下車すぐ

［MAP］

雪や日差しから200年以上通行人を守ってきた「こみせ」

黒石《くろいし》

【青森県】黒石市中町

[種別]商家町

雪国特有の「こみせ」に込められた商人のおもてなし精神

「こみせ通り」と呼ばれる、平成17（２００５）年に重要伝統的建造物群保存地区に選定された黒石市中町。

「こみせ」とは建物の表通りに面した庇《ひさし》のことで、雪や日差しから通行人を守るために設けられた、現代で言うところのアーケードのようなものである。

江戸時代からのこみせが連続して残る希少な町並みは「日本の道百選」や「美しい日本の歴史的風土１００選」に選定されている。

大正2(1913)年創業の中村亀吉酒造

【交通】
弘南鉄道「黒石駅」から徒歩約10分

[MAP]

大松沢家の四脚門（江戸後期建造）。秋には紅葉が美しい

金《かね》ケ《が》崎《さき》【岩手県】

金ケ崎町城内諏訪小路

藩境の防備を担った仙台藩北端の要害

［種別］武家町

仙台藩は軍事拠点として21の「要害」を置いたが、北上川以西では最北端となる重要拠点だったのが金ケ崎城を中心とした「金ケ崎要害」。

保存地区である城内諏訪小路は、要害とそれを取り囲むように形成された武家町のほぼ全域にあたる。武家町は「諏訪小路」「表小路」など、7つの小路に沿って屋敷を配置し、サワラヒバの生垣や見通しを悪くさせるための枡形や弓形など、武家町の名残が良好に保存されている。

表小路と達小路をつなぐ枡形道路

［MAP］

【交通】
JR「金ケ崎駅」から徒歩約15分

土蔵造りの店蔵が連続する重厚な景観

村《むら》田《た》

【宮城県】村田町村田

紅花商人の栄華を今に伝える蔵の町

［種別］商家町

江戸から仙台へ至る奥州街道と仙台から山形へ至る街道とを結ぶ線上に位置し、宿場町として、また、商業の中心地として栄えた「村田」。

この交通の便を生かし、村田商人たちは仙南地方で買い集めた紅花や藍を江戸のみならず、酒田からの北前船によって上方とも取引し莫大な富を築いた。

村田の特徴でもある豪壮な店蔵と門が対になって立ち並ぶ蔵の町並みは、「みちのく宮城の小京都」とも呼ばれる。

村田商人やましょう記念館（旧大沼家住宅）

【交通】
JR「大河原駅」からミヤコーバス乗車、「村田中央」下車すぐ

［MAP］

内蔵を備えた切妻妻入の商家建築が立ち並ぶ

増田《ますだ》

【秋田県】横手市増田

[種別]在郷町

蔵が見えない蔵の町
江戸時代から続く
朝市も必見

400年近く続く増田の朝市は毎月2・5・9のつく日に開かれる

[MAP]

かまくらで有名な日本屈指の豪雪地帯、秋田県横手市。市の南東部にある「増田」は、成瀬川と皆瀬川が合流する立地にあり、さらには旧街道の結節点でもあることで古くから物資の流通で賑わい、特に明治期以降は養蚕や葉タバコの取引で大いに栄えた。

町の中心部には明治から昭和にかけて建てられた建造物が良好な状態で残り、特に雪害対策で主屋の奥に設けられた「内蔵」と呼ばれる土蔵が、特徴的な町並みの景観となっている。

内蔵は江戸から明治期にかけては収納のための「文庫蔵」、明治から昭和にかけては居住のための「座敷蔵」とその役割を変えてきたのも興味深い。

また、江戸時代の寛永20（1643）年に藩の公認で始まったと言われる400年近い歴史を持つ「増田の朝市」は、毎月2・5・9のつく日に開かれ、旬の味覚を求めて足を運ぶ地元の人々で賑わっている。

増田観光物産センター「蔵の駅」

「蔵の駅」の内蔵

【交通】
JR「十文字駅」から羽後交通バス乗車、「増田蔵の駅」下車すぐ

紅葉に彩られる内町武家屋敷通り

角館《かくのだて》

【秋田県】仙北市角館

［種別］武家町

四季折々の情緒が味わえる「みちのくの小京都」

[MAP]

公開武家屋敷「石黒家」

江戸時代に秋田藩の支藩の城下町として栄えた角館は、枝垂《しだ》れ桜でよく知られる町だ。

元和6（1620）年、当時この地を統治していた蘆名氏が整備した城下町は「火除け」と呼ばれる広場を境に、北側が武家町（内町）、南側が町人町（外町《とまち》）と明確に区別されていた。

桜が有名なのは武家町のほうで、まさにこのエリアが国の重要伝統的建造物群保存地区に指定されている。

黒板塀の武家屋敷が続く景観はそれだけでも美しいものではあるが、春の桜に始まり、新緑、紅葉、雪景色と四季を通して趣《おもむき》深い情緒を味わえる。

道幅から中央の枡形まで、江戸時代から400年間町割りがまったく変わらない通りで、南から順に「石黒家」「角館歴史村・青柳家」「岩橋家」「松本家」「河原田家」「小田野家」の6軒の武家屋敷が一般公開されている。

蘆名氏、佐竹氏に仕えた「青柳家」の薬医門

紅葉シーズンは通りがライトアップされる

【交通】
JR「角館駅」より徒歩20分

かつて醤油・味噌の醸造をしていた金忠の店蔵

喜多方《きたかた》

【福島県】喜多方市小田付

[MAP]

［種別］在郷町・醸造町

蔵の多さは繁盛の証し 醸造文化が息づく町並み

重厚な蔵が立ち並ぶ「おたづき蔵通り」

喜多方市の小田付《おたづき》地区は天正10（1582）年に定期市を移すためにつくられた町で、市場の賑わいによって物資の集散地として栄えた。

良質な米と水に恵まれた喜多方は古くから酒、味噌、醤油などの醸造業が盛んだった土地で、物資の保存や醸造用に必然的に蔵が多く建てられた。

さらに明治13（1880）年に発生した大火でその耐火性が見直され、その後蔵はますます増加。喜多方の男たちにとって「40代で蔵が建てられないのは恥」と言わしめたほど、まさに一世一代の夢だったそうだ。

そんな土地柄と男意気に支えられて建てられた蔵は、今でも市内各所で見られるが、その代表格が多彩な土蔵が残る「おたづき蔵通り」。

南北約800mに及ぶ短冊形の範囲に重厚な店蔵や醸造蔵がそこかしこに残り、長く醸造業で繁栄した町の歴史の一端に触れることができる。

享保2（1717）年創業の小原酒造

明治初期の倉庫蔵。現在はワイン店

【交通】
JR「喜多方駅」から会津バス乗車、
「南小田付」下車

何と言っても大内宿は雪の時季が美しい

大内宿《おおうちじゅく》

【福島県】下郷町大内宿

［MAP］

［種別］宿場町

まるでリアル江戸時代！
現代に残る奇跡の宿場町

江戸時代の旅籠から唯一営業を続ける民宿「伊勢屋」

大内宿は江戸時代に会津若松と日光を結ぶ会津西街道（南山通り）につくられた宿場。主に参勤交代をする会津藩の大名や、旅人、商人などで賑わった。

ところが、参勤交代のルートが幕府によって白河経由に変更され、大内宿は人の往来が減少。そのため、純粋な宿場ではなく「半農半宿」として細々と存続することになった。

その後も会津西街道が別の場所に付け替えられて旧道になるといった不運もあり、明治19（１８８６）年には道幅を拡幅するため、中央の用水路を道の両側に移したりと試行錯誤を重ねたが、ついに賑わいは戻らなかった。

結果的に江戸時代の宿場の風情がそのまま残ることになり、町並み保存の機運の高まりが実を結んだ昭和56（１９８１）年に、「宿場町」としては全国で3番目に選定されて今に至っている。

旧街道に沿って茅葺民家が整然と立ち並ぶ

静寂に包まれる夜の大内宿

【交通】
会津鉄道「湯野上温泉駅」から循環バス猿游号乗車、「大内宿入口」下車

紅葉の頃の前沢曲家集落

前沢《まえざわ》

【福島県】南会津町前沢

L字形の茅葺民家が統一的に立ち並ぶ集落

［種別］山村集落

福島県南会津町の前沢集落は、「曲家《まがりや》」と呼ばれるL字形をした茅葺民家が立ち並ぶ山村集落。

突き出した部分は馬屋で、これは雪深い地方において馬屋が外にあると色々不便だったために、このような形態になったとのこと。

明治40（1907）年に大火に見舞われた際に一斉に再建されたことで、同じような曲家が連続する統一感のある景観が生まれた。

南会津は国内屈指の豪雪地帯でもある

【交通】
会津鉄道・野岩鉄道「会津高原尾瀬口駅」から会津バス乗車、「前沢向」下車

［MAP］

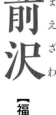

関東

六合赤岩[P27]群馬県中之条町六合赤岩
桐生[P26]群馬県桐生市桐生新町
栃木[P25]栃木県栃木市嘉右衛門町
真壁[P24]茨城県桜川市真壁
川越[P28]埼玉県川越市川越
佐原[P30]
千葉県香取市佐原
栃木県
群馬県
茨城県
埼玉県
東京都
千葉県
神奈川県

かつて呉服問屋だった潮田家住宅(明治43年築)

真壁《まかべ》

【茨城県】桜川市真壁

さながら文化財の見本市 筑波北麓に残る歴史ある町並み

[種別]在郷町

戦国時代の城下町を起源に持つ真壁。江戸時代に入ってほどなくして真壁城は廃城となり、その後は笠間藩の陣屋町として栄えた。

当時の町割りは今なお残り、昭和初期までに建てられた店蔵や土蔵、近代建築など多様な伝統的建造物が町並みを形作っている。

特筆すべきは国登録有形文化財の多さ。平成11(1999)年に登録された潮田《うしおだ》家住宅に始まり、今では何と真壁全体で102棟もあるというのだから驚きである。

御陣屋前通りに立つ石造りの旧真壁郵便局(昭和2年築)

【交通】
JR「岩瀬駅」から桜川市バス乗車、「下宿」下車

[MAP]

町並みは日光例幣使街道に沿って続く

栃木《とちぎ》

【栃木県】栃木市嘉右衛門町

街道筋に、北関東有数の商都の名残を見る

[種別]在郷町

栃木市の古い町並みと言えば巴波川《うずまがわ》の舟運で栄えた宿場町、通称「蔵の町並み」が有名だが、重伝建の嘉右衛門町《かうえもんちょう》はそのさらに北側にある。

江戸初期に岡田嘉右衛門という人物によって開拓された新田村に端を発し、一風変わった町名もここから来ている。

岡田記念館や油伝《あぶでん》味噌など、江戸末期から昭和初期の建造物が日光例幣使街道に沿って点在する町並みに、繁栄の歴史を感じることができる。

右端は岡田記念館内に保存されている「市村理髪館」

[MAP]

【交通】
東武鉄道「新栃木駅」から徒歩約15分

有鄰館付近の町並み

桐生《きりゅう》

【群馬県】桐生市桐生新町

絹織物の東の横綱
日本経済を支えた
織都・桐生

[種別]製織町

歴史を辿《たど》ると奈良時代にまで遡る織物の町、桐生。

江戸時代には「西の西陣、東の桐生」と言わしめるほどの地位を築き、大正時代から昭和初期に最盛期を迎えるなど、長く織物業とともに栄えてきた。

重伝建の桐生新町地区には、蔵造りの町家や土蔵、採光に優れたノコギリ屋根の工場など、織物産業に関連する伝統的建造物が数多く残り、織都・桐生の繁栄の歴史を今に伝えている。

ノコギリ屋根の旧曽我織物工場は大正11(1922)年築

【交通】
JR「桐生駅」から徒歩約20分

[MAP]

赤岩集落遠景

六《く》合《に》赤《あか》岩《いわ》

【群馬県】 中之条町六合赤岩

［MAP］

［種別］山村・養蚕集落

江戸から明治の養蚕農家が多数残る山あいの集落

明治時代に世界一の生糸輸出国となった日本で、長く絹産業を牽引したのが官営の富岡製糸場が建設された群馬県。

中之条町の山村集落「六合赤岩」は、かつて県内に多数存在した養蚕農家群のひとつ。

時代ごとの生活や生業に合わせて増改築を繰り返しながらも、現代まで大切に使い続けてきた幕末から昭和初期にかけての二階建て、三階建ての養蚕家屋が多数残っている。

傾斜地に養蚕家屋が点在している

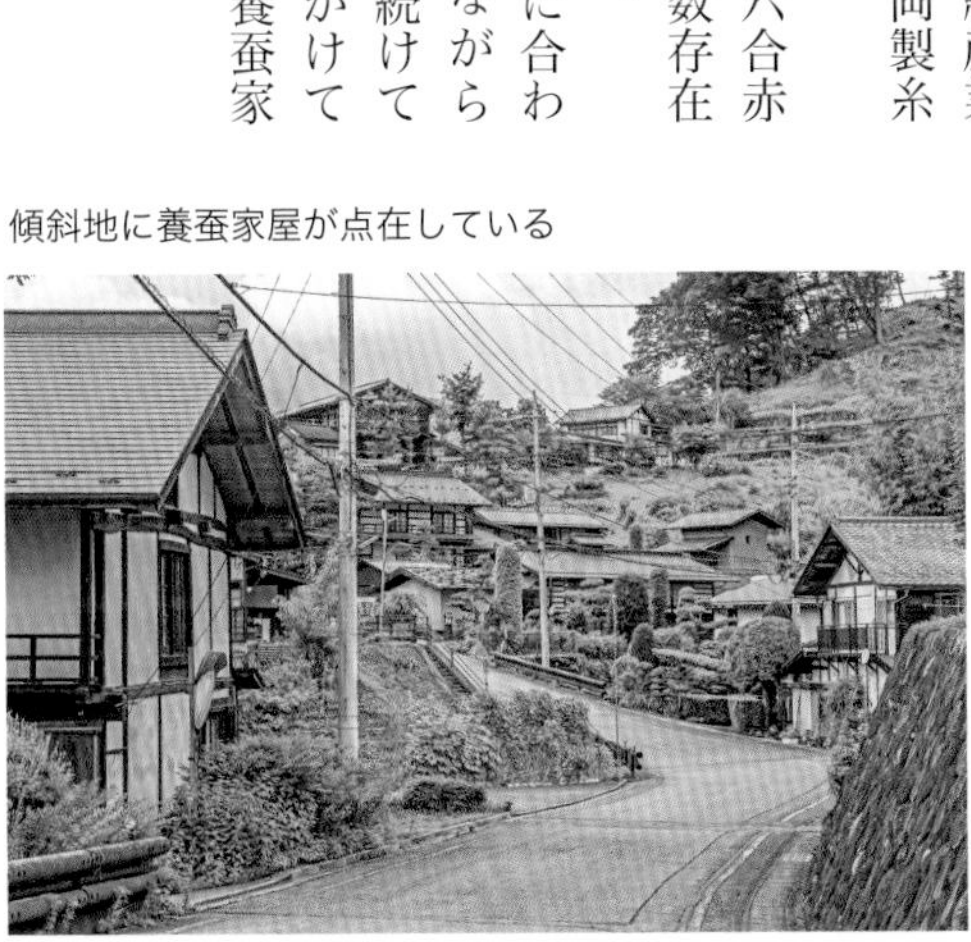

【交通】
JR「長野原草津口駅」から六合村村営バス乗車、「南大橋」下車徒歩5分

重厚な店蔵が並ぶ一番街の中心部

川越《かわごえ》

【埼玉県】川越市川越

[MAP]

［種別］商家町

江戸の面影を感じる
黒漆喰の蔵の町並み

川越には洋風建築も多い

川越の歴史は、江戸時代に江戸城北方の守りのために川越城を築いたことに始まる。

寛永15（1638）年の大火によって城下の大半を焼失するが、藩主となった松平伊豆守信綱が復興を進め、今に残る川越の町並みの基礎をつくった。

さらに新河岸川による舟運と川越街道の往来で人や物資が集まったことが、商業の町として「小江戸」と呼ばれるほどの繁栄をこの地にもたらした。

明治26（1893）年にも市街地の3分の1を失う大火に見舞われるが、その際に焼け残った「大沢家住宅」に倣《なら》って重厚な蔵造りの建物が多く建てられたことが、今に残る「蔵造りの町並み」と呼ばれる景観が生まれた背景である。

江戸時代から約400年にわたり時を告げてきた「時の鐘」も明治の大火後に再建され、今も一日四回、人々に欠かせない「時」を告げる風流な音を響かせている。

小江戸川越のシンボル「時の鐘」

夜の町並み。昼間とは違う風情を見せる

【交通】
西武新宿線「本川越駅」から徒歩15分

柳が揺れる小野川沿いの景観

佐原《さわら》

【千葉県】香取市佐原

[種別]商家町

利根川水運がもたらした、小江戸と呼ばれる水郷の町

[MAP]

香取街道沿いには洋風建築や看板建築が残る

江戸時代、「お江戸見たけりゃ佐原へござれ　佐原本町江戸まさり」と唄われるほどの隆盛を極めたのが、利根川水運で栄えた商家町、佐原である。

利根川支流の小野川を使い、佐原からは米や酒などが、江戸からは生活用品が高瀬舟で運ばれてきた。「江戸まさり」と呼ばれるほどの繁栄は、かくして佐原にもたらされた。

重伝建に選定されている古い町並みは、主に小野川沿いと交差する香取街道沿いに広がっているが、柳が揺れる小野川沿いには酒・醤油の醸造業や問屋、街道沿いには日用品を含む小売店が多く見られ、水運の歴史がそのまま現れていると言える。

商家や土蔵、洋風建築など建物の見どころには事欠かず、日本で初めて実測の日本地図を完成させた偉人、伊能忠敬が30年余りを過ごした旧宅もある。

川から町並みを眺める小野川の舟めぐりも風流である。

ジャージャー橋と呼ばれる「樋橋」

川沿いの町並みは夜の風情も格別

【交通】
JR「佐原駅」から徒歩15分

重要伝統的建造物群保存地区の種別

現在重伝建の地区は127を数えるが、種別も実に多彩でなんとその数は30を超える。場所によってはひとつの種別で定義することが難しく、2つを組み合わせた地区も18存在する。

これを多いほうから並べてみると、商家町28、山村集落16、武家町14、在郷町《ざいごうまち》13、港町13、宿場町10と続く。

イメージの湧きやすいものから耳慣れないものまで様々だが、それぞれの町は概ね以下のような成り立ちによって分類される。

宿場町

江戸時代の街道整備に伴い宿場制度が設けられ、各地に宿場町が形成された。旅籠のほか、参勤交代の際に大名など身分の高い者が宿泊する本陣や脇本陣が置かれ、高札場が設置された。

明治時代以降は鉄道輸送が主流となり、宿場町は徐々に廃れていった。

城下町

戦国時代から江戸時代にかけては城を中心に町が整備された。敵の侵攻を防ぐために堀や石垣を築き、見通しを悪くさせるために枡形を設けるなどした。

武家町と町人町、社寺などで構成されることが多く、防衛の観点から城に近いほうに武士が居住した。

商家町

商人が集まって形成された町のことで、城下町や宿場町、交通の要衝など様々な場所で見られる（農村近郊では「在郷町」と呼ばれる）。

富の象徴とも言える豪壮な町家が多く、耐火性に優れた漆喰の土蔵造りがよく見られる。

港町

山地が多い島国の日本では、近世以前は陸上交通がほとんど発達せず北前船などの海運が中心であった。沿岸部には港町がつくられ、漁業や廻船業などで大いに栄えた町も多かった。

函館や長崎など開港後に栄えた港町には外国人居留地が設けられ、現在も多くの洋館が見られる。

門前町

寺社の門前に形成された町で、江戸時代の城下町以前によく見られた形態である。境内の場合は寺内町《じないまち》、神職が住む町は社家町《しゃけまち》となり広義ではこのあたりも含む。

集落

かつての日本は生業と暮らしが不可分の関係にあり、従事する職業に応じて山村、農村、漁村などの集落が形成された。厳しい自然環境に適応するための知恵や工夫が詰まった独特の建物や町並みは、日本の原風景として現代に息づいている。

その他

醸造町や鉱山町をはじめ、製塩町、製蝋町《せいろうまち》、鋳物師町《いもじまち》などはすべて特定の産業で栄えたいわゆる産業町。全国で一件ずつしかない種別も多く、その地域ならではの独特な町並みを見ることができる。

北陸

宿根木[P34]
新潟県佐渡市宿根木
輪島黒島[P48]石川県輪島市黒島地区
新潟県
金沢(東山ひがし)
[P42]石川県金沢市東山ひがし
金沢(主計町)
[P44]石川県金沢市主計町
石川県
金沢(卯辰山麓)
[P46]石川県金沢市卯辰山麓
高岡(吉久)[P39]富山県高岡市吉久
金沢(寺町台)
[P47]石川県金沢市寺町台
高岡(山町筋)[P36]富山県高岡市山町筋
高岡(金屋町)[P38]富山県高岡市金屋町
富山県
加賀橋立[P49]
石川県加賀市加賀橋立
五箇山(相倉)[P40]富山県南砺市相倉(五箇山)
五箇山(菅沼)[P41]富山県南砺市菅沼(五箇山)
加賀東谷[P50]石川県加賀市加賀東谷
白山白峰[P51]石川県白山市白峰
福井県
今庄宿[P56]福井県南越前町今庄宿
小浜西組[P52]福井県小浜市小浜西組
熊川宿[P54]福井県若狭町熊川宿

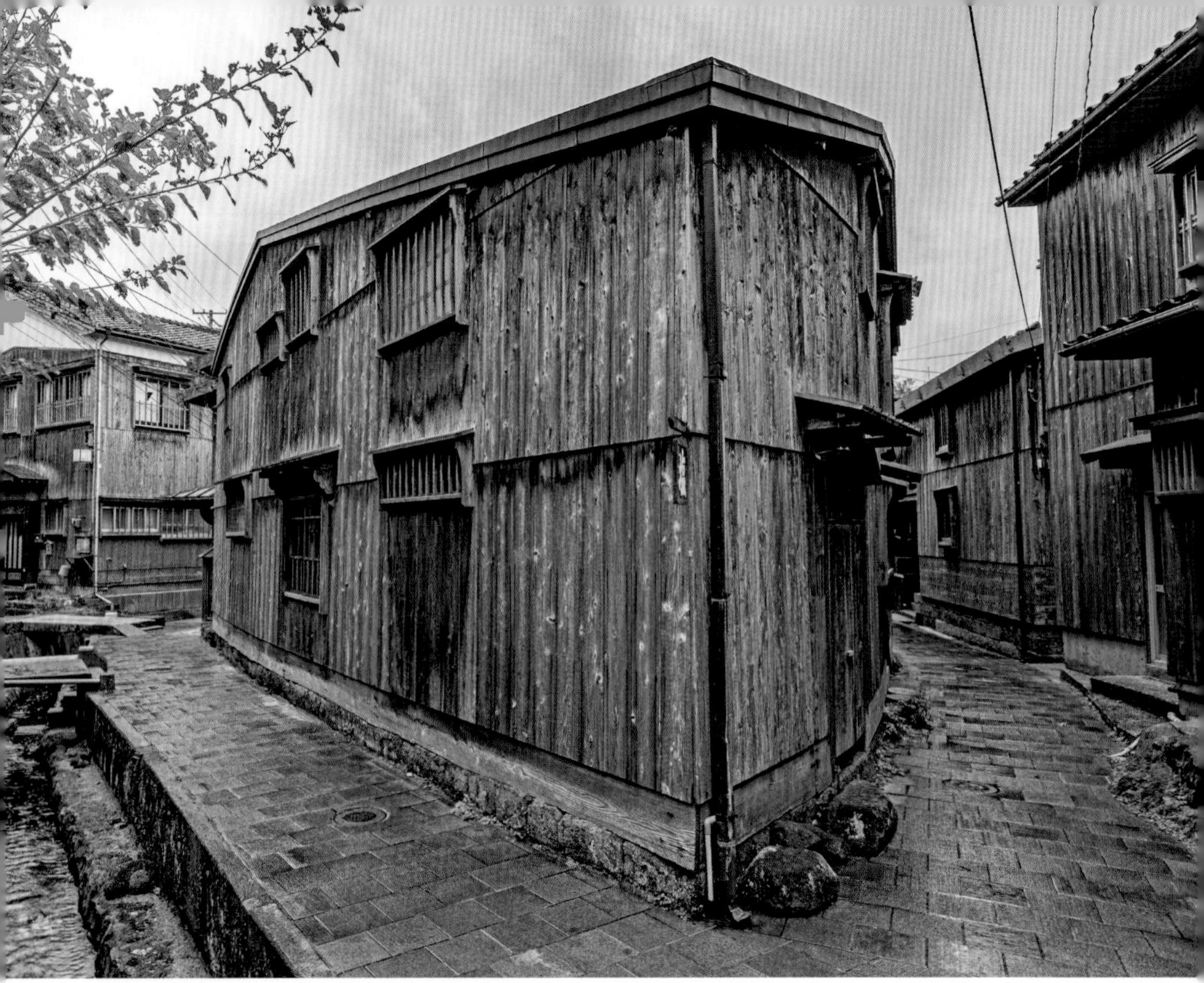

宿根木のシンボル「三角家」。狭い路地に合わせて三角形に建てられた

宿根木《しゅくねぎ》

【新潟県】佐渡市宿根木

[MAP]

［種別］港町

板張りの民家が密集する船大工の里

集落でも随一の風情を醸し出す「世捨て小路」

佐渡島の最南端にある宿根木は、江戸後期から明治初期にかけて廻船業で栄えた港町。小さな入り江に100棟余りの板張りの建造物が密集して立ち並ぶ景観が、平成3(1991)年に重伝建に選定された。

宿根木には船主や船大工などの職人が多く住んでいたが、冬の強い北風を避けるために半すり鉢状の小さな谷地に集落をつくったことで、入り組んだ狭い路地に伝統的建造物が肩を寄せ合うように立つ町並みが生まれ、独特の風情を醸し出している。

当時莫大な財を成した船乗りや船大工が建てた板張りの家屋は、一見して質素に見えるものの、内部はどこまでも贅を尽くした造りになっていて、非常に見応えがある。「三角家」「清九郎」「金子屋」の3棟の公開民家の他、「伊三郎」「孫四郎」が一棟貸しの民宿を営んでいる。佐渡はまず行くことが大変なので、できれば泊まりでゆっくり滞在したいものである。

特徴的な石置き木羽葺きは強風対策の屋根

明治25(1892)年築の「伊三郎」は一日一組限定で宿泊が可能

【交通】
「小木港」から車で約10分、「両津港」から車で約60分

重厚な土蔵造りが連続する山町筋

高岡《たかおか》（山町筋《やまちょうすじ》）

【富山県】高岡市山町筋

［種別］商家町

道の両側に、防火の意識が生んだ重厚な土蔵造りが立ち並ぶ

赤レンガ造りの旧富山銀行本店。大正３(1914)年築

［MAP］

加賀百万石の礎を築いた前田利家の長男、利長が隠居先として築いた高岡城から歴史が始まる高岡市。一国一城令で高岡城が廃城となったあとは、商工業の町として再生され、北陸街道沿いという立地にも恵まれ、米や綿などの集散地として大いに発展した。

その中心が重伝建に選定されている山町筋で、東西約６００ｍの範囲に明治中期から昭和初期にかけての土蔵造りの商家が軒を連ね、時折洋風建築も点在する趣深い景観が続いている。

ここが「土蔵造りの町並み」と呼ばれる由縁は、明治33(1900)年の大火で市街地の大部分を焼失した経験から火災に強い土蔵造りで町が再建されたことによる。黒漆喰を分厚く塗り込め、煉瓦造りの袖壁や防火壁を採用するなどとにかく防火を徹底した。

重厚な土蔵造りの町並みは、そんな歴史の賜物でもある。

重要文化財の菅野家住宅。明治33(1900)年築

明るい通りは夜散歩もおすすめ

【交通】
JR「高岡駅」から徒歩約10分

銅片をちりばめた石畳が町並みに調和している

高岡《たかおか》(金屋町《かなやまち》)

【富山県】高岡市金屋町

銅片をちりばめた石畳がユニークな鋳物師町

[種別]鋳物師町

茶器や仏具などに欠かせない銅製品。その銅器で国内シェアの実に9割以上という圧倒的な数字を誇るのが高岡市。

高岡大仏に代表される「高岡銅器」は400年を超える歴史を有し、国の伝統的工芸品の指定を受けている。

その中心地が唯一の「鋳物師町」として重伝建に選定されている金屋町。銅片をちりばめた石畳の路地に沿って千本格子の町家が立ち並ぶ、趣深い町並みが残っている。

千本格子の町家

[MAP]

【交通】
JR「高岡駅」から徒歩約20分

旧街道に沿って切妻造平入の町家が残る

高岡《たかおか》（吉久《よしひさ》）

【富山県】高岡市吉久

さまのこが美しい 工業地帯の重伝建

［種別］在郷町

江戸時代に加賀藩の御蔵（米蔵）が置かれたことで、商人たちの交易で栄えた高岡市吉久の町並みは、驚くことに周りを工業地帯に囲まれた、一見して奇跡のような場所に残されている。

地元で「さまのこ」と呼ばれる千本格子と、「アマ」と呼ばれる収納空間のために、二階に窓を設けない独特の様式が特徴だ。

保存地区内には、江戸後期から昭和初期にかけての町家が今でも良好に残っている。

さまのこの意匠が目を引く

【交通】
万葉線「新吉久」電停下車徒歩5分

［MAP］

アヤメが美しい新緑の頃

五箇山《ごかやま》（相倉《あいのくら》）

【富山県】南砺市相倉

どこか懐かしい日本の原風景 人が住む世界遺産の集落

［種別］山村集落

合掌造り集落で有名なのはやはり白川郷だが、富山県南砺市の五箇山も負けていない。

20棟の合掌造り家屋が現存する相倉集落には、合掌造りの原型と呼ばれる「原始合掌造り」が残り、耕作地や水路、建物と集落を雪から守る雪持林などを含む約18haが重伝建に選定されている。

今も人々の生活が息づく相倉集落は、「人が住んでいる世界遺産」という珍しい肩書きもあわせ持っている。

相倉展望台より。大小様々な合掌造りの家屋が残る

【交通】
JR「高岡駅」「新高岡駅」または「城端駅」から加越能バス乗車、「相倉口」下車すぐ

［MAP］

9戸の合掌造り家屋が現存する菅沼集落

五箇山《ごかやま》（菅沼《すがぬま》）

【富山県】南砺市菅沼

河岸段丘上の小さな合掌造り集落

［種別］山村集落

相倉から約10㎞西側にある菅沼もまた、世界遺産に登録されている五箇山の合掌造り集落だ。

庄川が蛇行する部分に形成された僅かな河岸段丘に位置し、9戸の合掌造り家屋が現存している。

耕作地が限られるために産業は養蚕や製紙、特に火薬の原料となる塩硝《えんしょう》の生産が一大産業として人々の生活を支えてきた。「塩硝の館」ではそんな先人たちの暮らしについて学ぶことができる。

田植えの頃

[MAP]

【交通】
JR「高岡駅」「新高岡駅」または「城端駅」から加越能バス乗車、「菅沼」下車すぐ

朝のひがし茶屋街。木虫籠が美しい整然とした町並みが見られる

金沢《かなざわ》（東山《ひがしやま》ひがし）

【石川県】金沢市東山ひがし

［種別］茶屋町

石畳の路地に茶屋が連なる艶やかな町並み

ひがし茶屋街（二番丁）と隣り合う三番丁も風情がある

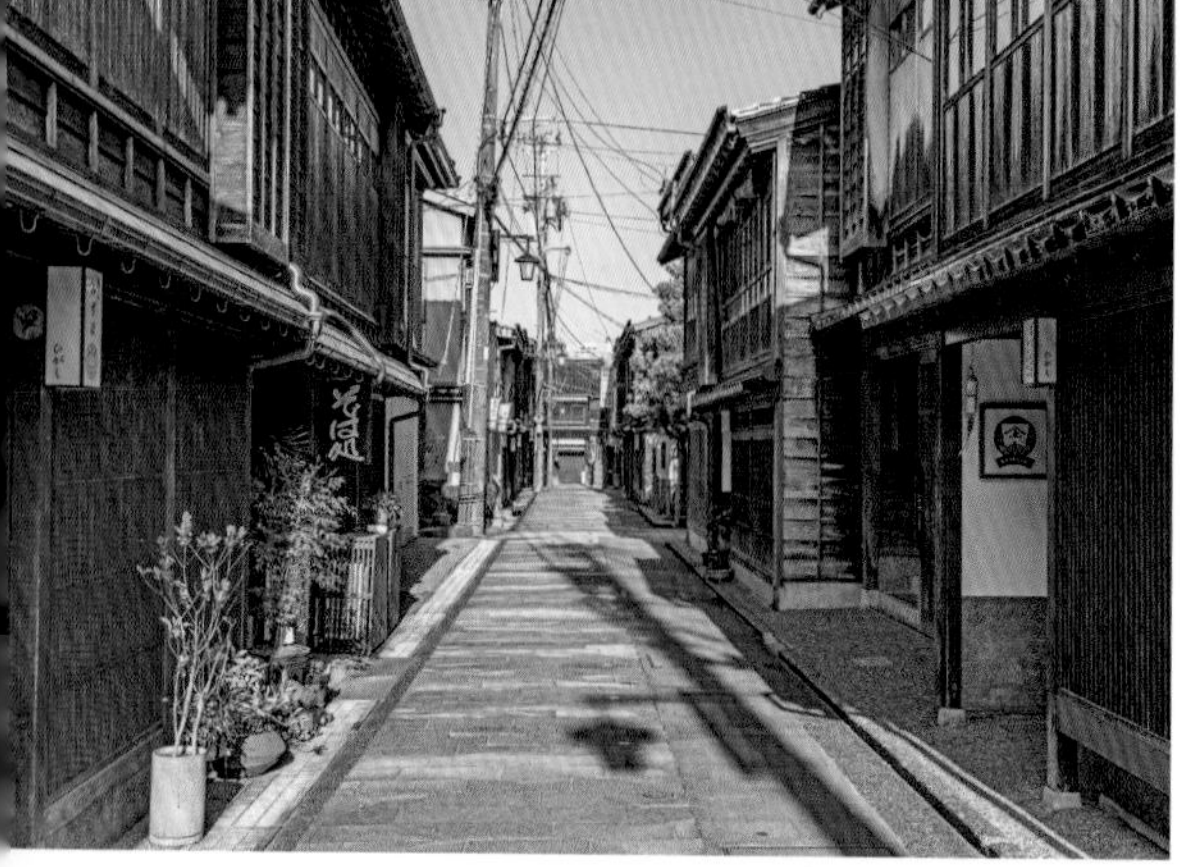

[MAP]

金沢を代表する観光名所である、ひがし茶屋街は、「東山ひがし」の名称で重伝建に選定されている。

江戸時代後期の文政3（1820）年、加賀藩は城下に散在していた茶屋を集め、卯辰山の麓と犀川の西岸に茶屋街を置くことを認可した。

この「ひがし」と「にし」が現在のひがし茶屋街とにし茶屋街である。当時「ひがし」には約90軒の茶屋が立ち並び、京の祇園と比肩するほど格式の高い花街として賑わいを見せた。

現在は茶屋も7軒まで減ってはいるものの、石畳の路地に漂う艶《あで》やかな雰囲気は健在。木虫籠《きむすこ》と呼ばれる弁柄塗りの目の細かい格子と、町家には許されなかった本二階の茶屋建築が立ち並ぶ景観は、江戸時代の風情を今に伝えている。

一番丁から三番丁まで三本の路地が平行して並んでいるが、それぞれ異なる趣を味わえる、実に散策しがいのある町である。

文政3(1820)年に建てられたお茶屋「志摩」

格子から漏れる光が趣深い夜

【交通】
JR「金沢駅」から城下まち金沢周遊バス・北陸鉄道路線バス・西日本JRバス乗車、「橋場町」下車徒歩5分

二階のガラス窓から眺める桜はさぞ風流だったことだろう

金沢（主計町《かずえまち》）

【石川県】金沢市主計町

［種別］茶屋町

桜と浅野川を愛でる、情緒と伝統の茶屋町

あかり坂。暗がり坂と
並ぶ茶屋街への入り口

［MAP］

ひがし茶屋街、にし茶屋街とともに金沢三茶屋街と呼ばれる主計町は、明治2（1869）年に浅野川のほとりに設置された茶屋街。

名の由来はこのあたりに加賀藩士、富田主計の屋敷があったことにちなむ。昭和45（1970）年には「尾張町二丁目」と改称されたが、平成11（1999）年に再び主計町に戻る。全国で初の旧町名復活と話題になった。

「ひがし」「にし」より規模は小さいが、細い路地と千本格子が続き、何よりかつて旦那衆が人目を避けて茶屋街に通ったとされる石段「暗がり坂」と「あかり坂」が、情緒溢《あふ》れる茶屋街の雰囲気をつくり出している。

隆盛を極めた明治後期から昭和初期頃に、二階建てから三階建てに増築した茶屋も多く、前面はガラス張りになっている。これは浅野川の景観を楽しむためだったといわれるが、その中でも春に眺める満開の桜は、ことさら風流である。

旅情を誘う路地裏の夜景

浅野川に沿って桜が咲きほこる春の主計町

【交通】
JR「金沢駅」から城下まち金沢周遊バス・北陸鉄道路線バス・西日本JRバス乗車、「橋場町」下車徒歩5分

最も寺町の雰囲気が感じられる七面小路界隈

金沢《かなざわ》（卯辰山麓《うたつさんろく》）

【石川県】
金沢市卯辰山麓

[MAP]

［種別］寺町

丘陵地に37の寺院が立つ古都の寺町

卯辰山西麓の丘陵地帯に広がる寺院群が成立したのは江戸時代初期のこと。

加賀藩は当時強大な力を持っていた一向宗を恐れ、監視するために一向宗以外の寺院を1カ所に囲い込んで、寺町を形成した。

見通しの悪い小路や起伏の多い地形に歴史の一端が垣間見える卯辰山麓には、37の寺院と2つの神社が散在する。保存地区は広大だが、非常に歩きごたえのある町並みがそこにはある。

春には桜が美しい宇多須神社

【交通】
JR「金沢駅」から城下まち金沢周遊バス・北陸鉄道路線バス・西日本JRバス乗車、「橋場町」下車徒歩10分

旧鶴来道の国泰寺

金沢《かなざわ》（寺町台《てらまちだい》）

【石川県】金沢市寺町台

寺町と門前町が交差する金沢城下最大の寺院群

[種別]寺町

加賀藩は金沢城の防備のために3カ所の寺町をつくったが、その中で最も規模が大きいのが犀川を渡った先の寺町台寺院群。保存地区全体でなんと52もの寺院が集積している。

前田家の墓所、野田山へ至る旧野田道と交差する旧鶴来《つるぎ》道《みち》を軸に広がる町並みは、旧野田道は寺町、旧鶴来道は町家の多い門前町の性格を有しており、表情ががらりと異なるのが面白い。

通称「忍者寺」の妙立寺もこの寺町台にある。

旧野田道沿いの町並み

【交通】
JR「金沢駅」から城下まち金沢周遊バス・北陸鉄道路線バス乗車、「広小路」下車徒歩約3分

[MAP]

黒瓦の屋根が連続する町並み

輪島黒島《わじまくろしま》

【石川県】輪島市黒島地区

[MAP]

【交通】
のと鉄道「穴水駅」から車で約30分
※のと鉄道をご利用の際は運行状況を事前に確認して下さい

【種別】船主集落

黒瓦の屋根が連なる船乗りの町

能登半島の北西部、輪島市門前町の黒島地区は江戸時代に北前船の海運で栄えた集落。17世紀末に幕府の天領となったことが自由な経済活動を促し、さらなる発展へと繋がった。

南北に約1・5㎞続く保存地区には、寒さや塩害に強い黒瓦（能登瓦）と下見板張りの建物が多く、統一感のある町並みが続いている。

※輪島黒島地区は令和6年能登半島地震で甚大な被害を受け、現在復旧が進められています。

下見板張りと格子が特徴的

赤瓦の屋根が連なる橋立集落

加《か》賀《が》橋《はし》立《だて》

【石川県】加賀市加賀橋立

日本一の富豪村と呼ばれた、北前船主の夢のあと

[種別] 船主集落

加賀市の沿岸部に位置する橋立は、江戸後期から明治中期にかけて活躍した北前船の船主や船頭が多く居住した集落。

当時、一攫千金の象徴だった北前船主は巨万の富を築く者を多数輩出し、橋立は「日本一の富豪村」と呼ばれたりもしたという。

船板を張った板張りの壁や赤茶色の瓦葺き屋根が見られ、地区最大の建物「北前船の里資料館」が往時の繁栄を今に伝えている。

北前船主屋敷 蔵六園へ続く風情のある路地

【交通】
JR「加賀温泉駅」から加賀周遊バス乗車、「北前船の里資料館」下車すぐ

[MAP]

山に囲まれた大土町の集落

加《か》賀《が》東《ひがし》谷《たに》

【石川県】加賀市加賀東谷

[MAP]

独特な景観を見せる「赤瓦と煙出しの里」

［種別］山村集落

加賀市街の南東の山間部に点在する荒谷町、今立町、大土町、杉水町の４つの集落で構成される加賀東谷山村集落。

藩政時代には加賀藩の御用炭を生産し、昭和初期まで炭焼きを生業として栄えてきたが、近年は過疎化が進んでいる。

明治初期から昭和30年代頃までの建物が多数残り、赤瓦で葺かれた屋根と煙出しが設けられた家屋がつくり出す統一的な景観は、「赤瓦と煙出しの里」と称されている。

新緑が美しい田植えの頃

【交通】
JR「加賀温泉駅」から車で約30分

通り沿いの町並みは石垣が特徴的

白山白峰《はくさんしらみね》

【石川県】白山市白峰

屋根に豪雪地帯ならではの大梯子が見られる集落

[種別]山村・養蚕集落

日本三名山の「白山」の麓に位置する白峰地区は、積雪2mを超える国内有数の豪雪地帯。

16世紀半ばから始まったとされる養蚕がこの地方の主要産業で、通りにはその名残である大型の二階建て、三階建ての建物が点在している。また、雪下ろしのための大梯子が屋根に常設された家屋もあり、そこには雪国で生きる苦労が窺《うかが》える。

集落には白峰温泉の総湯があるので、散策後に一汗流せるのも嬉しい。

江戸後期に建てられた旧山岸家住宅

【交通】
JR「金沢駅」から北鉄白山バス乗車、「白峰」下車

[MAP]

茶屋町らしい情緒が漂う三丁町

小浜西組《おばまにしぐみ》

【福井県】小浜市小浜西組

［種別］商家町・茶屋町

商家町、茶屋町、寺町が混在する江戸の面影を残す町

［MAP］

大正14（1925）年築の高鳥歯科医院

三丁町の入口付近

若狭湾に面する小浜は、古くから港町として栄えた若狭の中心地だった。

江戸時代に入り、京極家が小浜城を築くと城下の整備を進め、町人地は東、中、西の三組に分けられることに。「西組」という聞き慣れない呼び名はここから来ており、まさにこの西の町並みが現在重伝建に選定されている範囲とほぼ重なっている。

南北を山と海に挟まれた地区内を丹後街道が貫き、街道沿いには町家や商家、洋風建築が立ち並んでいる。こちらが「商家町」としての小浜西組で、もうひとつ「茶屋町」としての顔もある。

地区内の西側にある三丁町は江戸時代に遊郭が置かれたところ。現在は「茶屋町」としてしっとりとした情緒を感じられる町並みが残っている。重伝建の種別には含まれていないが、南側の山麓エリアには寺院が集積する寺町もあり、実に多彩な表情を見せてくれる面白い町である。

三丁町は夜の雰囲気も格別

【交通】
JR「小浜駅」から徒歩約10分

熊川宿の中心、中ノ町の町並み

熊川宿《くまがわじゅく》

【福井県】若狭町熊川宿

[MAP]

［種別］宿場町

京と若狭を結んだ鯖街道の中継地

下ノ町の夜の町並み

江戸時代、若狭湾でとれた鯖は若狭街道で京に運ばれていた。通称「鯖街道」と呼ばれるこの街道の中継地として栄えたのが熊川宿である。

全長約1㎞、全幅約100mに及ぶ宿場は京に近い南側から上ノ町《かみんちょ》、中ノ町《なかんちょ》、下ノ町《しもんちょ》と町並みが続き、中ノ町と下ノ町の間には「まがり」と呼ばれる枡形が残る。

問屋や番所など宿場の名残が見られ、端から端まで古い町家が軒を連ねている。平入と妻入、柱を見せる真壁造りと逆に見せない塗籠造り、さらには洋風建築まで多種多様な建造物が立ち並ぶのが熊川宿の最たる特徴で、とりわけ建物ウオッチングが楽しい。

また、宿場内をさらさらと流れている「前川」も見逃せない。江戸時代から人馬の飲み水や生活用水に利用され、今でも野菜を洗ったり冷やしたりと人々の生活を支えている。

安政5(1858)年築の旧逸見勘兵衛家住宅

熊川宿資料館「宿場館」は昭和15(1940)年に役場として建てられた洋風建築

【交通】
JR「近江今津駅」またはJR「上中駅」から西日本JRバス乗車、「熊川」下車徒歩3分

道幅の狭い旧街道に平入の町家が立ち並ぶ

今庄宿《いまじょうじゅく》

【福井県】南越前町今庄宿

[MAP]

北国街道の要衝として栄えた越前有数の宿場町

［種別］宿場町

南側に山々が連なり、三本の峠越えルートの起点となった北国街道の今庄宿は、交通の要衝として、また北陸の玄関口として栄えた越前有数の宿場町だった。

その名残は、約1㎞続く旧街道に沿って、江戸時代から昭和初期の伝統的建造物が数多く立ち並ぶ景観を見れば一目瞭然。

良質な水に恵まれ、冬が寒い今庄では酒造りも盛んで、江戸時代から続く造り酒屋が、今も4軒営業している。

脇本陣にも指定された旧京藤甚五郎家住宅

【交通】
JR「今庄駅」から徒歩5分

中部

青鬼[P68]
長野県白馬村青鬼
戸隠[P60]長野県長野市戸隠
稲荷山[P63]長野県千曲市稲荷山
白川郷[P78]
岐阜県白川村荻町
海野宿[P64]
長野県東御市海野宿
長野県
高山(三町)[P70]
岐阜県高山市三町
高山(下二之町大新町)[P72]
岐阜県高山市下二之町大新町
木曽平沢[P62]長野県塩尻市木曽平沢
塩山下小田原上条[P58]
山梨県甲州市塩山下小田原上条
郡上八幡[P76]
岐阜県郡上市郡上八幡北町
奈良井宿[P61]
長野県塩尻市奈良井
岐阜県
山梨県
美濃[P73]
岐阜県美濃市美濃町
妻籠宿[P66]
長野県南木曽町妻籠宿
岩村[P74]
岐阜県恵那市岩村町本通り
赤沢[P59]
山梨県早川町赤沢
愛知県
足助[P82]
愛知県豊田市足助
静岡県
有松[P81]
愛知県名古屋市有松
花沢[P80]
静岡県焼津市花沢
関宿[P84]
三重県亀山市関宿
三重県

紅葉が色づく上条集落

塩山下小田原上条《えんざんしもおだわらかみじょう》

【山梨県】甲州市塩山下小田原上条

[MAP]

［種別］山村・養蚕集落

突き上げ屋根の養蚕家屋が多数残る集落

甲府盆地を見下ろす甲州市塩山の山麓に、かつて養蚕で栄えた上条集落がある。

江戸中期から昭和にかけての養蚕農家が数多く残っているが、特筆すべきはこの地方でしか見られない突き上げ式の屋根。

風の少ないこの地域ならではの様式で、採光と養蚕の通風のために、屋根の中央が一段高くなっている。

自然環境ともうまく共生した先人たちの暮らしが、今も息づいている。

「もしもしの家」昔この家にだけ電話があったのが由来

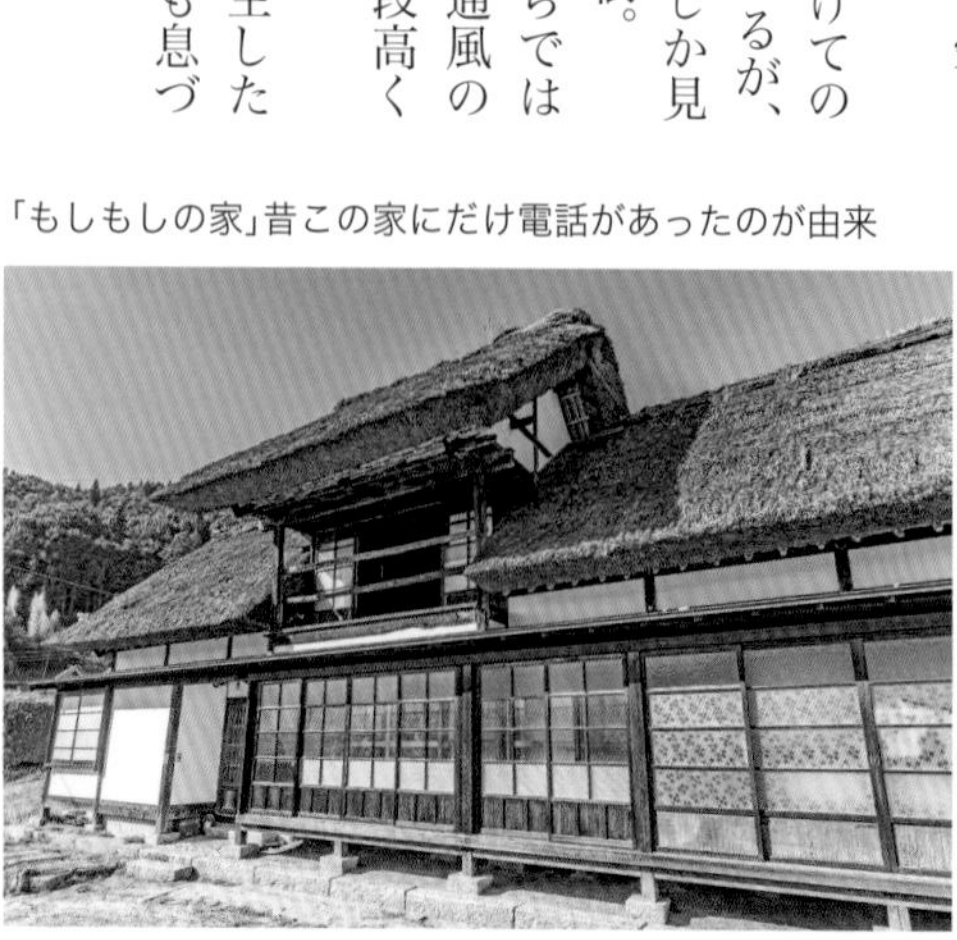

【交通】
JR「塩山駅」より山梨交通バス乗車、「小田原橋」下車徒歩20分

身延往還の石畳に賑わいの跡が偲ばれる

赤沢《あかざわ》

【山梨県】早川町赤沢

山間にかつての講中宿がひっそりと佇む

[種別]山村・講中宿

日蓮宗総本山の身延山と霊場七面山を結ぶ「身延往還」に位置する赤沢宿は、かつて参詣客のための講中宿として栄えた集落。

江戸時代にはグループで社寺を参詣する「講」が盛んになり、9軒あった旅籠ではまかないきれないほど、多くの人々で賑わった。

講の定宿であることを示す講中札が今も軒下に残る光景に、往時の赤沢宿の賑わいを見てとることができる。

赤沢宿。明治初期には9軒の旅籠があった

【交通】
JR「下部温泉駅」からはやかわ乗合バス乗車、「七面山登山口・赤沢入口」下車徒歩約50分

[MAP]

中社の鳥居前から眺める横大門通りは戸隠を代表する景観

戸隠《とがくし》

【長野県】長野市戸隠

［種別］宿坊群・門前町

茅葺屋根の宿坊が残る戸隠信仰の中心地

蕎麦で有名な長野市の戸隠は、かつて山岳修験の聖地として栄えた戸隠信仰の中心地。

標高1000mを越える高所に、戸隠神社の中社及び宝光社の宿坊群を中心とした門前町が残り、町割りも江戸時代以来の姿をよくとどめている。

参道沿いには「戸隠講」の豪壮な宿坊群が見られ、外側には在家と呼ばれる農家や職人などの一般住宅が門前町を形成している。

茅葺屋根の宿坊

【交通】
JR「長野駅」からアルピコ交通バス乗車、「戸隠宝光社」または「戸隠中社」下車

［MAP］

背後に鳥居峠を控える奈良井宿の町並み

奈良井宿《ならいじゅく》

【長野県】塩尻市奈良井

中山道のど真ん中に「奈良井千軒」と称された宿場が残る

[種別]宿場町

中山道のちょうど真ん中にあたる34番目の宿場が奈良井宿。屈指の難所であった鳥居峠を南に控え、江戸時代には「奈良井千軒」と呼ばれるほど、多くの旅人で賑わった。

奈良井川に沿って南北に約1kmの町並みは、日本最長の宿場ともいわれ、南から上町、中町、下町と続く。

二階がせり出した出梁《だしばり》造《づく》りが多く見られ、それぞれ用途の異なる大戸、くぐり戸、しとみ戸、庇の上の猿頭など、多様な建築様式も興味深い。

上町と中町の間に道を屈曲させた「鍵の手」が残る

[MAP]

【交通】
JR「奈良井駅」下車すぐ

旧街道に沿って漆器店が立ち並ぶ

木《き》曾《そ》平《ひら》沢《さわ》

【長野県】塩尻市木曾平沢

[MAP]

【交通】
JR「木曽平沢駅」下車すぐ

［種別］漆工町

漆器店が立ち並ぶ木曽漆器のふるさと

奈良井宿にほど近い木曽平沢は、全国でも有数の漆器の産地。平成18（２００６）年に、現在でも唯一の「漆工町」として重伝建に選定された。

旧中山道の約８５０ｍにわたって漆器店が立ち並び、幕末から昭和初期に建てられた本二階の伝統的建造物が、良好に残っている。

通りに面して「アガモチ」と呼ばれる空間を設け、風通しのために中庭を配し、その奥に漆工の作業場を構える、などの特徴がある。

「アガモチ」と呼ばれる通り沿いの空き地

街道が屈折する鍵の手付近の町並み

稲荷山《いなりやま》

【長野県】千曲市稲荷山

多様な建造物が見られる善光寺街道の商都

［種別］商家町

江戸時代に善光寺街道（北国西街道）の宿場として賑わい、明治に入ると県内有数の商都として栄えた千曲市の稲荷山宿。

弘化4（1847）年に発生した善光寺地震の火災によって壊滅的な被害を受けたが、復興の過程で建てられた土蔵造りを中心に、江戸末期から昭和初期にかけての多様な建造物が残っている。

保存地域中央付近の「鍵の手」など、かつての山城の名残も随所に見られる。

土蔵群の残る「たまち蔵道」

【交通】
しなの鉄道「屋代駅」から千曲市循環バス乗車、「稲荷山郵便局」下車すぐ

[MAP]

「日本の道100選」にも選ばれている海野宿の町並み

海《うん》野《の》宿《じゅく》

【長野県】東御市海野宿

[MAP]

［種別］宿場・養蚕町

江戸と明治が混在する北国街道の宿場町

海野格子と気抜きを設えた建物

寛永2（1625）年に北国街道の宿場として整備された海野宿。当時は田中宿と上田宿の「間の宿」だったが、千曲川の洪水によって海野宿に本陣が移され、正式な宿場となった。

佐渡金山で採れた金を江戸に運ぶ重要な輸送路であり、参勤交代や善光寺参りにも利用された北国街道は通行量も多く、宿場は活況を呈した。

明治に入り宿場としての利用を終えると、広い部屋を生かして養蚕業を営む「養蚕の町」へ転身。そのため、海野宿には宿場時代に建てられた旅籠仕様の建物と、明治から大正に建てられた養蚕仕様の建物が混在している。

前者は長短二本を組み合わせた「海野格子」や豪壮なうだつ、二階がせり出した出桁造《だしげたづく》りを見ることができ、後者は「気抜き」と呼ばれる煙出しが特徴となっている。

保存地区の中央には江戸時代からの水路が流れ、宿場風情を色濃く残す海野宿は「日本の道100選」にも選ばれている。

小路の散策も楽しい

中央に江戸時代からの水路が残る

【交通】
しなの鉄道「大屋駅」または「田中駅」から徒歩15分

町並み保存の先駆けとなった寺下地区

妻籠宿《つまごじゅく》

【長野県】南木曽町妻籠宿

[MAP]

[種別]宿場町

町並み保存の原点となった中山道の宿場

下町の町並み

中山道・木曽路の宿場である妻籠宿は、江戸時代の面影が最もよく残っている宿場と言われる。

中山道と伊那街道が交叉する交通の要衝として江戸時代を通して賑わったが、明治に入ると鉄道や道路の開通により時代の流れに取り残されてしまう。衰退の一途をたどった高度経済成長期の頃、この美しい宿場風景を残そうと住民が保存に向けて動き出し、これが現在各地で当たり前のように行われている町並み保存の原点となった。

昭和51（１９７６）年には重要伝統的建造物群保存地区の第一号(7地区同時登録)となり、かくして江戸時代の宿場風景は後世に残ることに。

現在は約８００ｍにわたり、江戸末期から明治にかけての建物が立ち並ぶ。二階が張り出した出梁造りが多く見られ、「竪繁《たてしげ》」と呼ばれる細かい格子が特徴の町並みは、本当に江戸時代と錯覚するような雰囲気をたたえている。

高札場と水車小屋の残る石畳の坂道

夜の妻籠宿

【交通】
JR「南木曽駅」から南木曽町地域バス乗車、「妻籠」下車

兜造りの大型家屋が連なる景観は迫力満点

青鬼《あおに》

【長野県】白馬村青鬼

［種別］山村集落

棚田と雄大な北アルプスを望む小さな集落

［MAP］

交流・体験施設「お善鬼の館」

白馬村の北東、標高約760mに位置する青鬼集落。江戸後期から明治期にかけての大型の茅葺家屋が今も残り、現在、屋根は鉄板で覆われているが、14棟の主屋が現存している。

採光や風通しのために一部を切り取った、おもに養蚕が盛んな農村で見られる「兜造り」の屋根がここ青鬼でも見られ、南側の屋根が短くガラス窓が設えられた、統一感のある町並みとなっている。

集落の東側には「日本の棚田百選」にも選ばれている「青鬼の棚田」があり、特に5月頃の田植えの時期には、水を張った田んぼと残雪の北アルプスが競演する美しい景観を楽しむことができる。

この水田に山から引水するために、江戸時代の万延・文久年間(1860〜64年)に4年の歳月をかけて完成させた水路「青鬼堰」は、今なお現役で稼働。先人の苦労によって、美しい棚田は脈々と守られている。

水の重みを利用して米をつく「ガッタリ」

美しい初夏の青鬼集落

【交通】
JR「信濃森上駅」から車で約10分

「久田屋」の藤は春の風物詩

高山《たかやま》（三町《さんまち》）

【岐阜県】高山市三町

[種別]商家町

黒々とした出格子が美しい飛騨の小京都

[MAP]

軒高が揃い、統一感のある上三之町

戦国時代の天正16（1588）年に金森長近が城下町を築き、江戸時代は幕府の直轄領である「天領」になり、経済の中心地として栄えた高山。

中心部を流れる宮川に沿って、近いほうから三之町、二之町、一之町と整備され、さらに安川通り（国道158号線）を境に南が「上」、北が「下」と分けられている。

この三町がいわゆる「さんまち通り」のことで、中でも上二之町と上三之町を中心としたエリアは「古い町並」と呼ばれ、飛騨の小京都と称される美しい町並みが見られる。

高山の町では屋台蔵が随所に見られる

狭い通りを挟んで、間口が狭く軒の低い中二階の町屋が立ち並び、飲食店や土産物屋、造り酒屋など今でもそのほとんどが観光客向けに何らかの商売を行っている。

建物の面や軒の高さが揃っているのは江戸時代の不文律によるもので、黒々とした木組みや格子も相まってどこから見ても整然とした印象を受ける。

また、毎年春（4月14日・15日）と秋（10月9日・10日）には「日本三大美祭」と呼ばれる伝統行事、「高山祭」が開催される。国の重要有形民俗文化財にも指定されている豪華絢爛な屋台を曳き歩く、そのきらびやかな光景は圧巻である。

静寂に包まれた夜の上三之町

【交通】
JR「高山駅」から徒歩約12分

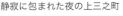

大新町の町並み（左手は日下部民藝館）

高山《たかやま》（下二之町《しもにのまち》大新町《おおじんまち》）

【岐阜県】高山市下二之町大新町

［種別］商家町

街道筋の町家群
二棟の町家は
飛騨の匠の最高傑作

三町の北側、下二之町と大新町にまたがるエリアがもうひとつの重伝建。前者は商家町然とした趣だが、後者は越中街道沿いに古い町家が点在する町並みとなっている。

国の重要文化財になっている吉島家住宅と日下部家住宅（日下部民藝館）は、ともに明治の建築。

吹き抜け部分の豪快に組み上げられた柱と梁に、「飛騨の匠」と呼ばれた飛騨大工の建築技術の高さを窺《うかが》い知ることができる。

梁の美しさが際立つ吉島家住宅は明治40（1907）年築

【交通】
JR「高山駅」から
徒歩約15分

［MAP］

一番町通りの町並み。左手前は旧今井家住宅・美濃史料館

美《み》濃《の》

【岐阜県】美濃市美濃町

「うだつ」を上げた豪商たちがつくった町並み

[種別]商家町

飛騨高山藩初代藩主の金森長近が築いた城下町である美濃は、江戸時代から明治にかけて、美濃和紙の生産と長良川の水運で繁栄した。

ここの特徴は何と言っても屋根に上がった「うだつ」。元来は、火災の多かった江戸時代に延焼を防ぐために設けられた防火壁だったが、時代とともに装飾性を重視した富の象徴へと変化していった。

出世できない意の「うだつが上がらない」の由来はここから来ている。

安永元(1772)年創業の小坂酒造場

【交通】
長良川鉄道「美濃市駅」から徒歩約10分

[MAP]

本町交差点付近の町並み

岩村《いわむら》

【岐阜県】 恵那市岩村町本通り

[種別]商家町

坂道に古い町家が立ち並ぶ
おんな城主・おつやの方の里

本町三丁目。このあたりは商店が多い

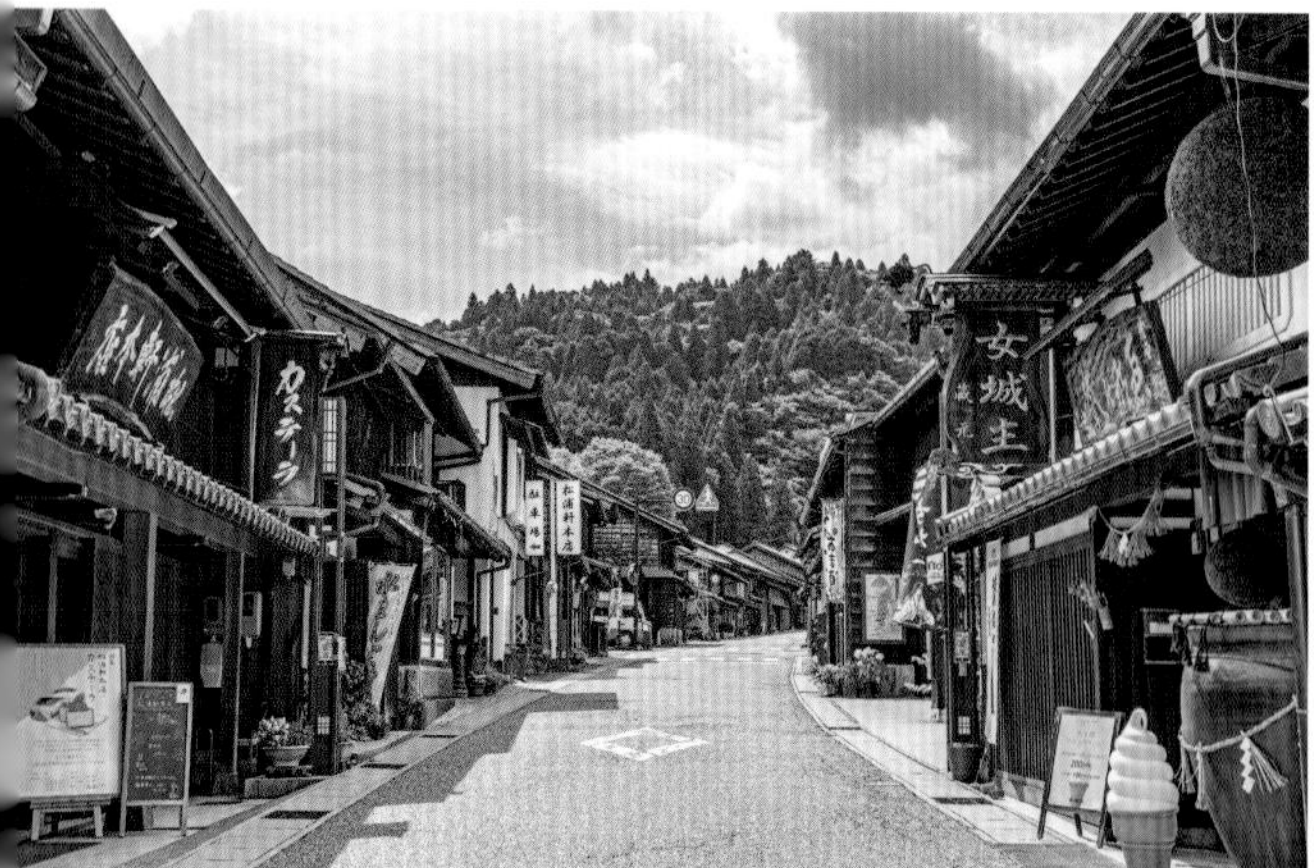

[MAP]

「日本三大山城」のひとつで、おんな城主・おつやの方の逸話が残る岩村城。城下町建設の際に岩村川の右岸（北側）に武家町、左岸（南側）に町人町がつくられたが、町人町の一部を含む現在の本通りが重伝建の範囲となっている。

ゆるい坂道に沿って江戸期の商家や町家が軒を連ね、中には造り酒屋やカステラ屋など今も営業を続けるものも少なくない。

江戸時代の町家は大正時代以降に順次改造されてはいるものの、問屋だった木村邸、庄屋の浅見家、有数の商家だった勝川家などの建物はそのまま残っており、一部は一般公開されている。

坂を下りながら本町通りを西へ進むと枡形が現れ、西町、新町へと続く。西町は江戸後期以降に整備された地区で、異なる時代の建物が混在している。最も駅に近い新町は明治39（1906）年の岩村電気軌道の開通によって栄えた地区で、明治から大正にかけての建物が多い。ここは歩いた分だけ時代の移り変わりを感じられる町である。

一般公開の勝川家は江戸末期の商家

本町と西町の間に残る枡形

【交通】
明知鉄道「岩村駅」から徒歩約10分

職人町。軒先のバケツに防火の意識が窺える

郡上八幡《ぐじょうはちまん》

【岐阜県】郡上市郡上八幡北町

［種別］城下町

400年の歴史を育む、水とおどりの城下町

モダンな旧堀谷医院は
大正9(1920)年築

[MAP]

「日本三大盆踊り」のひとつ「郡上おどり」で知られる郡上八幡は、戦国時代に築かれた郡上八幡城の城下町を起源に持つ。

南北に三本の通りが延び、城の麓にある柳町と殿町が武家町、その西側の職人町、鍛冶屋町などが町人町と明確な住み分けがなされていた。

現在も町割り、町名ともに当時のまま残り、江戸時代の大火をきっかけに町中に張り巡らされた水路が、さらさらと心地よい音を立てながら流れている。

町家にも延焼を防ぐための「袖壁」が設けられ、各家の軒先にぶら下がったバケツが防火への高い意識を窺わせている。

その歴史から郡上八幡は名水の町としても名高い。「日本名水百選」の「宗祇水《そうぎすい》」を筆頭に湧き水が豊富で、「いがわ小径」や「やなか水のこみち」など、情緒溢れる水路の小径が、人々の生活に溶け込むように町の中に存在している。

柳町の町並み

風情溢れる夜の柳町

【交通】
長良川鉄道「郡上八幡駅」からまめバス乗車、「城下町プラザ」下車すぐ

稲穂が輝く黄金色の白川郷

白川郷《しらかわごう》

【岐阜県】白川村荻町

[種別]山村集落

美しい合掌造り集落は世界が認めた日本の宝

集落内には合掌造りの民宿も多い

[MAP]

世界文化遺産にも登録されている岐阜県荻町の合掌造り集落は、「白川郷」の名で国内外に知られる。

手のひらを合わせたように見えることが由来の合掌造りは、豪雪地帯である白川郷の気候条件に適した非常に合理的なつくりをしている。

屋根に約60度の傾斜をつけて雪を積もりにくくし、養蚕のために屋根裏に広い空間を確保する目的も兼ねている。

合掌造りは屋根の妻側、窓のついている方が南北を向くように建てられており、これは養蚕の通気や、棟の方向を白川に合わせて川沿いに吹く強い季節風の抵抗を小さくするためである。

そんな合掌造り建築は荻町全体で100棟余りが現存。屋根は30～40年に一度葺き替えなければならないが、「結」という互助制度によって住民総出で行われる。

美しい集落とそこに息づく伝統は、今も住民の手によって守られている。

闇の中に浮かぶ合掌造りのシルエット

冬季は集落全体が幻想的にライトアップされる

【交通】
JR「高山駅」から濃飛バス乗車、「白川郷バスターミナル」下車すぐ

石垣が風情を感じさせる花沢の里

花沢《はなざわ》

【静岡県】焼津市花沢

茶やみかんの栽培で栄えた旧東海道の集落

［種別］山村集落

平成26（2014）年に静岡県で初の重伝建に選定された焼津市の花沢地区は、通称「花沢の里」と呼ばれる。

花沢川と平行して通る奈良時代の旧東海道「やきつべの小径」に沿って、石垣と江戸時代以来の板張りの建物が連続するこの集落は、主に明治以降、茶やみかんの栽培で栄えた。

主屋の他、農作業や季節労働者の宿泊用に作られた附属屋に、その名残が見られる。

公開施設「花沢地区ビジターセンター」

【交通】
JR「焼津駅」から車で約15分

[MAP]

黒漆喰の井桁屋は創業寛政2(1790)年の有松絞りの老舗

有松《ありまつ》

【愛知県】名古屋市有松

旧東海道に残る「絞り」の町
副業が大ヒット

［種別］染織町

有松の町は、慶長13（1608）年に尾張藩によって、鳴海宿と池鯉鮒宿の間の宿として開かれたことに始まる。

土地が耕作に適さなかったために、副業として認められた絞り染めが旅人の間で大ヒットし、有松商人たちは莫大な財を成した。

旧東海道を歩くと今なお豪壮な商家が数多く残り、「有松絞り」で繁栄した往時の賑わいが蘇《よみがえ》ってくるようである。

国登録有形文化財の中濱家住宅

[MAP]

【交通】
名鉄「有松駅」から徒歩約5分

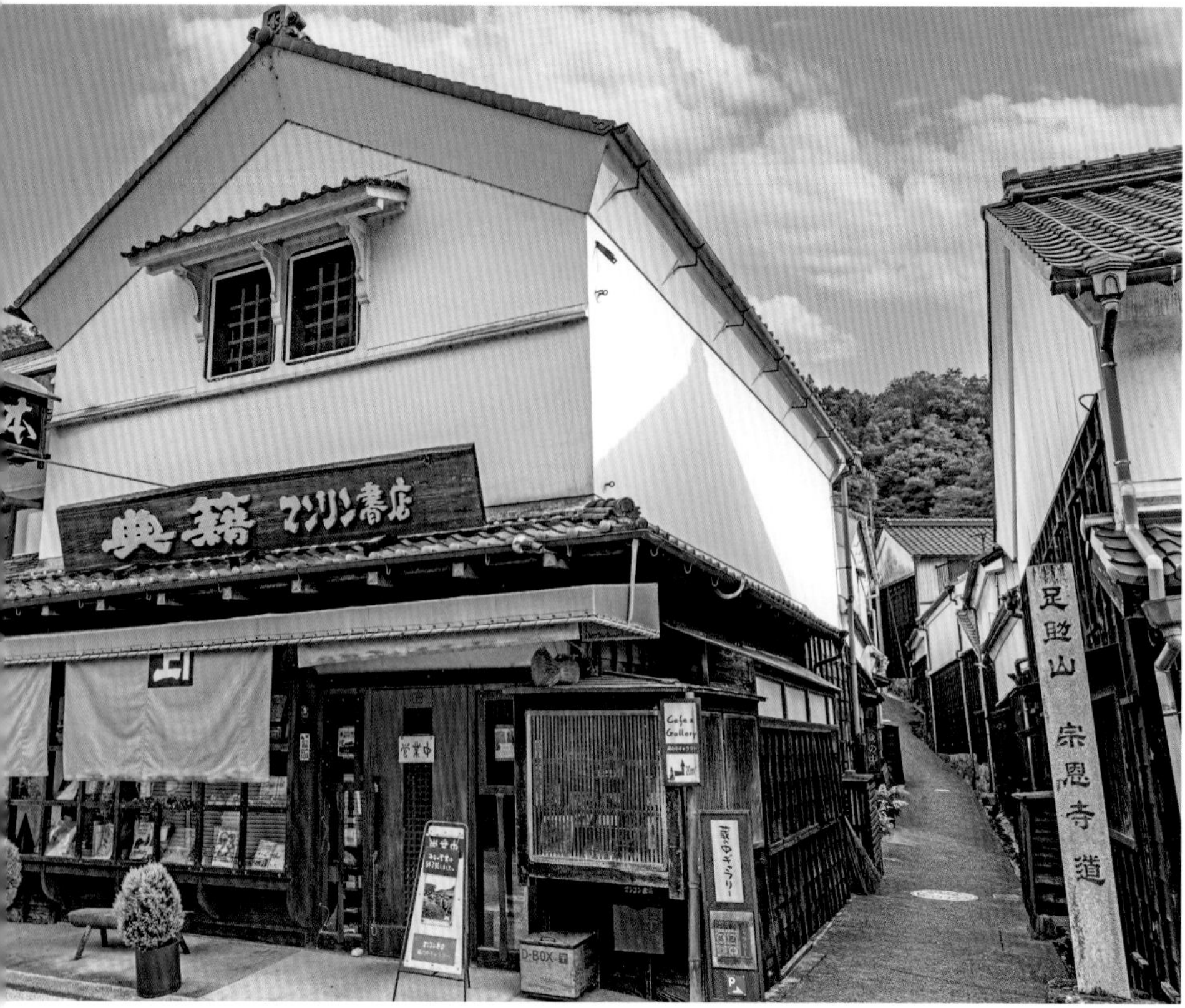

漆喰と黒板塀の対比が美しいマンリン書店

足助《あすけ》

【愛知県】豊田市足助

［種別］商家町

伊那街道の中継地は「塩」で栄えた宿場町

[MAP]

マンリン小路の風情は足助随一

三河湾でとれた塩や海産物は中山道の脇往還である「伊那街道」を通って信州へ運ばれたが、この街道の中継地として栄えたのが宿場町の足助である。

運ばれてきた塩は、量り直したり品質を整えたりする「塩直し」と呼ばれる作業が行われ、「足助塩」の銘柄で出荷された。天保年間には塩問屋が14軒も数えるほどの主要産業となり、塩をはじめ物資の集散地として足助の町は大いに賑わった。

その賑わいの名残は旧街道に沿って約2㎞続く町並みに見られる。西側の入口にあたる「西町」には江戸時代の旅籠から続く旅館が営業し、「新町」は足助の白眉とも言えるマンリン書店とマンリン小路が見どころだ。

江戸時代に大商人が集まり、足助の中心地だった「本町」は大柄の商家が軒を連ね、その先が白壁の町家と足助川沿いの風景が美しい「田町」である。

夜の帳(とばり)が下りた足助の町並み

足助川沿いの川端風景

【交通】
名鉄「豊田市駅」または「東岡崎駅」から名鉄バス乗車、「香嵐渓」下車徒歩約5分

中町の町並み。連子（れんじ）格子が美しい

関宿《せきじゅく》

【三重県】亀山市関宿

［種別］宿場町

江戸の面影を残す、旧東海道随一の宿場町

関宿は旧東海道47番目の宿場町。難所の鈴鹿峠を北西に控え、鈴鹿の関が置かれた交通の要衝で、お伊勢参りなど多くの通行人で賑わった。

東の追分から西の追分まで木《こ》崎《ざき》、中町、新所《しんじょ》と全長約1・8㎞にもわたり、江戸から明治期に建てられたものを中心に古い町家が約200軒残る圧巻の町並みが続く。

旧東海道の宿場でここまで当時の名残をとどめる場所は、他に類を見ない、貴重な存在である。

百六里庭から地蔵院を望む

【交通】
JR「関駅」から徒歩10分

[MAP]

近畿

伊根[P98]京都府伊根町伊根浦
加悦[P99]京都府与謝野町加悦
出石[P104]
兵庫県豊岡市出石
坂本[P86]滋賀県大津市坂本
上賀茂[P91]
京都府京都市上賀茂
京都府
河原町芹町
[P87]滋賀県彦根市
河原町芹町地区
大屋町大杉[P109]
兵庫県養父市大屋町大杉
美山[P96]
京都府南丹市美山町北
滋賀県
兵庫県
嵯峨鳥居本[P94]
京都府京都市嵯峨鳥居本
五個荘金堂
[P90]滋賀県東近江
五個荘金堂
丹波篠山(篠山城下)
[P106]兵庫県丹波篠山市篠山
近江八幡[P88]
滋賀県近江八幡市八幡
丹波篠山(福住)
[P108]兵庫県丹波篠山市福住
産寧坂[P92]
京都府京都市産寧坂
龍野[P110]
兵庫県たつの市龍野
祇園新橋[P93]
京都府京都市祇園新橋
神戸北野町[P102]
兵庫県神戸市北野町山本通
大阪府
今井町[P112]奈良県橿原市今井町
富田林[P100]
大阪府富田林市富田林
宇陀松山[P115]
奈良県宇陀市松山
五條新町[P114]奈良県五條市五條新町
奈良県
湯浅[P116]和歌山県湯浅町湯浅
和歌山県

石垣が続く日吉大社参道。秋には紅葉が見事

坂本《さかもと》

【滋賀県】大津市坂本

【種別】里坊群・門前町

穴太衆積みの石垣に魅了される里坊の町

比叡山東麓、琵琶湖西岸に位置する大津市坂本地区は、古くから比叡山延暦寺と日吉大社の門前町として発展してきた。

比叡山で修行を終えた僧の隠居所である里坊が多く、付近を歩くとどこか気品を纏ったような空気が流れている。

江戸中期から昭和初期にかけての建造物が良好に残っており、中でも「穴太衆《あのうしゅう》積み」と呼ばれる地域特有の石垣が、里坊の建物や庭園と相まって歴史的風致を創り出している。

参道から路地へ入ると雰囲気が一変する

【交通】
JR「比叡山坂本駅」から徒歩5分
京阪電車「坂本比叡山口駅」から徒歩すぐ

[MAP]

平入厨子二階の町家が連続するひこね芹川駅付近

河原町芹町《かわらまちせりまち》

【滋賀県】彦根市河原町芹町地区

［種別］商家町

かつての芹川の上に商人町の面影を見る

彦根城下町の南東隅にあたる町人地、久左《きゅうざ》の辻《つじ》からひこね芹川駅付近までの約８００ｍの範囲が保存地区。

付け替えた芹川のかつての流路にあたる緩やかに蛇行した通り沿いに、切妻造平入、袖壁を設えた厨子《つし》二階《にかい》(中二階)の町家を中心に、約90棟の伝統的建造物が立ち並ぶ。

南側は町家が中心の閑静な町並みだが、商店街になっている北側は近代建築が残るなど、南北で表情が異なるのが面白い。

花しょうぶ通りの逓信舎・旧川原町郵便局舎

[MAP]

【交通】
近江鉄道「ひこね芹川駅」から徒歩約5分

近江八幡のハイライトとも言える八幡堀周辺

近江八幡《おうみはちまん》

【滋賀県】近江八幡市八幡

［種別］商家町

ヴォーリズ建築に魅了される
近江商人のふるさと

「見越しの松」が印象的な新町通り

[MAP]

豊臣秀吉の甥である秀次が築いた八幡山城の城下町が起源の近江八幡。八幡山城は10年で廃城となってしまうが、商工業を奨励すべく採用した楽市楽座等の政策は、その後商人の町として栄える礎となった。

近江商人は地域によって呼び名や活動時期が異なるが、江戸や海外進出を含めて八幡商人が最も早い時期から活躍。成功を収めたあとも、郷土を大切に思う気持ちから本店や本宅は近江に構え、町は大いに栄えた。

山城の麓にある日牟禮《ひむれ》八幡宮と八幡堀周辺、そして新町通りから永原町にかけてのコの字形のエリアが重伝建の選定を受けており、切妻造平入の伝統的な町家が数多く残る。特に新町通りは豪商の屋敷が多く、「見越しの松」が風情を感じさせている。

また、近江八幡はアメリカ人建築家のウィリアム・M・ヴォーリズの拠点でもあり、城下町付近を見てても自邸である「ヴォーリズ記念館」や「旧八幡郵便局」などの建築物が残っている。

閑静な雰囲気の永原町界隈

ライトアップされた八幡堀

【交通】
JR「近江八幡駅」から近江鉄道バス乗車、「大杉町」下車すぐ

白漆喰の蔵が残る花筏通りの入口付近

五《ご》個《か》荘《しょう》金《こん》堂《どう》

【滋賀県】東近江市五個荘金堂

［種別］農村集落

「三方よし」の精神が息づく近江商人ゆかりの地

五個荘金堂地区は、近江商人ゆかりの農村集落。江戸時代に陣屋が置かれ、寺院とその周りに民家を配置して集落が形成された。

町を歩けば白壁の屋敷や舟板塀が見られ、掘割を鯉が優雅に泳ぎ回り実に風情がある。

五個荘の近江商人は江戸後期から昭和初期にかけて活躍。質実剛健を尊び、商圏を拡大しても、常にふるさとを思い続けた彼らの立派な本宅が、近江商人屋敷として公開されている。

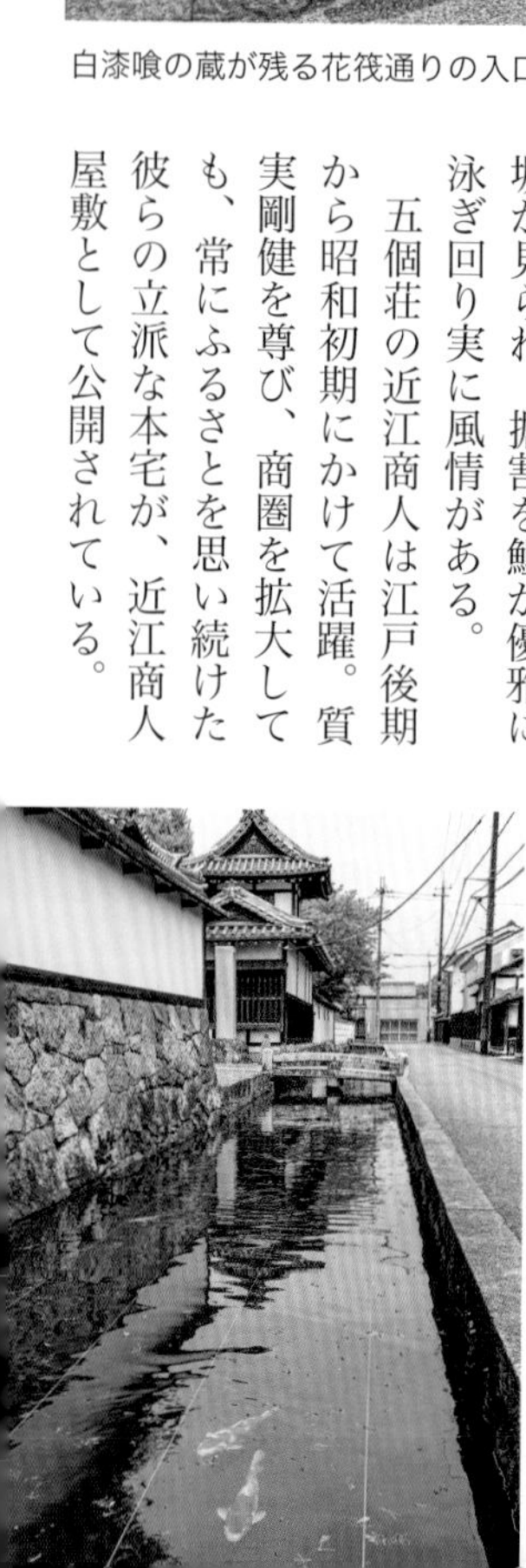

寺前・鯉通り

【交通】
JR「能登川駅」から近江鉄道バス乗車、「ぷらざ三方よし前」下車すぐ

[MAP]

明神川に土橋がかかる風景

上賀茂《かみがも》

【京都府】京都市上賀茂

清らかな水が心地よい神職の家並み

［種別］社家町

世界文化遺産の上賀茂神社のすぐそばに、神職の屋敷が集まる「社家町」と呼ばれるエリアがある。

境内を流れる「ならの小川」は、境外では明神川と名を変える。その明神川に沿って立ち並ぶ社家は、各々にかけられた土橋と土塀が独特な景観を創り出しており、あたり一帯はどことなく厳かな雰囲気が感じられる。

川の水は屋敷内に取り込まれ、生活用水や作庭に利用されるなど、欠かせないものになっている。

樹齢500年と言われる藤木社のクスノキ

［MAP］

【交通】
地下鉄「北大路駅」から徒歩25分、JR「京都駅」から市バス乗車、「上賀茂神社前」下車徒歩2分

法観寺の「八坂の塔」を望む景観は余りにも有名

産寧坂《さんねいざか》

【京都府】京都市産寧坂

石畳と坂道が続く、最も京都らしい町並み

［種別］門前町

清水寺や法観寺の参道にあたり、古くから門前町として、そして現在も観光客で賑わいを見せている産寧坂界隈。

石畳の路地や坂道、階段に沿って江戸末期から大正時代にかけて建てられた厨子二階や本二階の町家が残る、最も京都らしい風情を感じられる場所のひとつである。

大正時代に活躍した画家・詩人である竹久夢二は一時期二年坂に居を構え、その寓居跡が残っている。

三年坂とも呼ばれる産寧坂

【交通】
阪急電鉄「河原町駅」または
京阪電鉄「祇園四条駅」から
徒歩約20分

［MAP］

桜の季節の情緒は筆舌に尽くしがたいものがある

祇《ぎ》園《おん》新《しん》橋《ばし》

【京都府】京都市祇園新橋

[MAP]

春には桜が美しい、日本を代表する茶屋町

［種別］茶屋町

祇園社（八坂神社）の門前町にはじまり、江戸時代に茶屋町となった祇園新橋。江戸末期から明治にかけての町家が立ち並ぶ、最も京都らしい景観のひとつである。

現在、約150mの新橋通りには切妻造りの本二階で、一階に格子、二階にすだれが掛かった独特の茶屋建築が数多く見られる。

また、春には白川のほとりに桜が咲き乱れ、付近はより一層艶《あで》やかな雰囲気に包まれる。

すだれを下げた茶屋が連なる

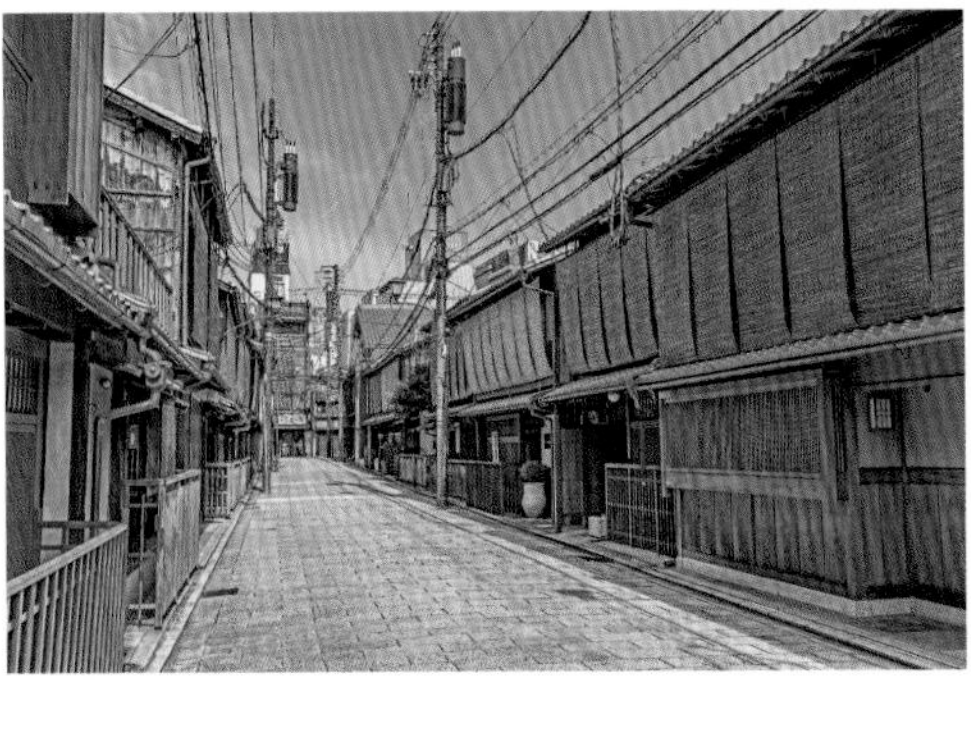

【交通】
京阪電鉄「祇園四条駅」から徒歩5分

愛宕神社一の鳥居と茶屋「平野屋」

嵯《さ》峨《が》鳥《とり》居《い》本《もと》

【京都府】京都市嵯峨鳥居本

［種別］門前町

嵐山の奥にひっそりと佇《たたず》む
愛宕神社の門前町

[MAP]

愛宕街道沿い（左は化野念仏寺）

いつも観光客で混雑している嵐山から山側へ向かった嵯峨鳥居本地区は、「火伏せの神」として信仰を集めた愛宕神社の門前町として、江戸中期以降賑わった愛宕街道沿いの集落。

保存地区は街道に沿った約600mの区間で、中央付近の化野《あだしの》念仏寺を境に「上地区」「下地区」と分かれている。下地区は江戸末期から明治に建てられた格子のある虫籠造りの町家が多いが、上地区に入ると表情が一変。もともとが農村集落だった名残が見られ、茅葺屋根の農家が視界に増えてくる。

嵯峨鳥居本地区の最奥部となる愛宕神社の一の鳥居付近には、約400年続く鮎料理の老舗「平野屋」や、参詣客向けの茶屋が起源の「つたや」など、愛宕詣の人々で賑わった時代を偲《しの》ばせる建物が残っている。

紅葉の美しさもまた格別だが、嵯峨野でもさらに奥まった立地なので、さほど混雑もせず、のんびりと歩くことができる。

一の鳥居付近の家並み

上地区には茅葺民家が残る

【交通】
JR「京都駅」から京都バス乗車、
「鳥居本」下車徒歩3分

紫陽花が咲く初夏の美山北集落

美《み》山《やま》

【京都府】南丹市美山町北

［種別］山村集落

日本の原風景と呼びたくなる茅葺きの集落

美山かやぶきの里雪灯廊

[MAP]

京都市街から北へ約60㎞に位置する美山町の北集落は、俗に「かやぶきの里」と呼ばれる山村集落。

かつての鯖街道が東西に走る集落内では、50戸ある建物のうち実に約40棟が茅葺屋根で、最古のものは寛政8（1796）年築と、約150〜230年が経過した茅葺き民家が、今も良好な状態で残っている。

ここの特徴は「北山型」と呼ばれる独特な建築様式にある。田の字形の間取り、壁や戸が土ではなく木であるなどの特徴があり、屋根は入母屋《いりもや》造りを採用している。

美山では四季折々美しい風景が楽しめるが、イチ押しは何と言っても冬である。1年で最も寒さが厳しい1月下旬から2月上旬にかけ、雪化粧の集落が幻想的な光で包まれる「美山かやぶきの里雪灯廊」が開催される。

厳しい自然環境の中で、長い間守られてきた人々の暮らしや集落の景観は、日本の原風景そのものである。

美山民俗資料館

盛夏の頃の美山北集落

【交通】
JR「日吉駅」から南丹市営バス乗車、「北」下車すぐ

海上から見る舟屋は海に浮かんでいるように見える

伊《い》根《ね》

【京都府】伊根町伊根浦

舟屋が入り江を埋め尽くすガラパゴス港町

［種別］漁村

京都の海側、丹後半島東部に位置する伊根浦は、伊根湾に面した入り江の集落。ここには、海から直接船を格納する「舟屋」が、湾に沿って約２３０軒も残っている。

すぐ背後に山が迫り、波が穏やかで急に海が深くなるこの地ならではの環境に適した建造物で、これほどの規模で残る場所は他に類を見ない。

江戸末期から昭和にかけての主屋や土蔵も良好に残り、陸から眺める町並みもまた趣深い。

海と山に挟まれたわずかな土地に建物が密集する

【交通】
京都丹後鉄道「天橋立駅」から丹海バス乗車、「伊根」下車すぐ

[MAP]

ちりめん街道沿いの町並み

加悦《かや》

【京都府】与謝野町加悦

丹後ちりめんの町
街道に機音が響く

［種別］製織町

加悦は、丹後地方を中心に生産される絹織物「丹後ちりめん」の一大生産地。

京都と丹後と結んだ「ちりめん街道」が町内を通り、流通の拠点としても栄えた。

今も現役のちりめん工場をはじめ、江戸から昭和初期に建てられた伝統的建造物が数多く残り、昔日の隆盛を伝えている。

加悦はかつて安良《やすら》城の城下町だった時期があり、街道が途中で屈曲しているのは、その名残である。

江戸時代のちりめん商家「旧尾藤家住宅」

【交通】
京都丹後鉄道「与謝野駅」から丹海バス乗車、「ちりめん街道」下車徒歩5分

［MAP］

町の中心を通る城之門筋。左は興正寺別院

富田林《とんだばやし》

【大阪府】富田林市富田林

[MAP]

［種別］寺内町・在郷町

戦国動乱の世を生き抜いた興正寺別院の寺内町

寺内町は夜も風情がある

世は戦国動乱の時代だった16世紀半ば、京都の興正寺《こうしょうじ》の証秀上人が興正寺別院の御堂を建て、寺内町としてまちづくりを進めたのが富田林の起源。

寺内町とは、いわゆる宗教自治都市のことで、造られた当時は外周に土塁をめぐらせ、4カ所ある町の出入り口には門を構え、夜間は閉めるなど、要塞都市としての様相を呈していたと言う。

町は東西470m、南北400m。興正寺別院を中心に6筋（南北）7町（東西）にあたる範囲で、これは今でもほぼこのままの姿で残っている。

江戸時代には天領となり、米や綿の栽培、さらには酒造業が発達し、交通の要衝でもあったことから在郷町として発展。

明治に入ると徐々に賑わいが薄れ、当初の役割を終えることになるが、現在も江戸時代の重厚な町家や商家が数多く残り、その名残を今に伝えている。

見通しを悪くさせる「あてまげ」

旧杉山家住宅は江戸初期の建築と言われる

【交通】
近鉄「富田林駅」から徒歩10分

「風見鶏の館」で知られる旧トーマス住宅は北野のシンボル

神戸北野町《こうべきたのちょう》

【兵庫県】神戸市北野町山本通

［種別］港町

酒落た洋館街が残る、港町神戸の象徴

［MAP］

アメリカ総領事ハンター・シャープの邸宅「萌黄の館」

古くから日本有数の港町だった神戸が、世界に向けて開港されたのは幕末の慶応3（1867）年のこと。

すぐに外国人居留地が造成されたが、開港までに間に合わなかったため、北野を含む特定のエリアが外国人雑居地という形で認められた。

港を望む高台に位置する北野は、外国人に人気があり、明治時代から昭和初期にかけて数多くの洋館（異人館）が建てられた。

最盛期には200棟を数えたが、戦災での消失や建て替え等で、現在は約30棟が現存。旧トーマス住宅と呼ばれる「風見鶏の館」やアメリカ総領事ハンター・シャープの邸宅「萌黄《もえぎ》の館」を筆頭に、現在はそのうちの約半数が一般公開されている。

昔の名残をとどめる細い路地に身を委ねると、明治末期から大正時代にかけての和風建築もわずかながら残り、連綿と続く雑居地としての北野の歴史に、思いを馳《は》せることができる。

夜の異人館通り

北野通り沿いの「ベンの家」は明治35（1902）年の建築

【交通】
JR・地下鉄「新神戸駅」から徒歩10分
JR「三ノ宮駅」、阪急・阪神「神戸三宮駅」、地下鉄「三宮駅」から徒歩15分

明治4(1871)年築の辰鼓楼は出石のシンボル

出石《いずし》

【兵庫県】豊岡市出石

[MAP]

[種別]城下町

明治時代の時計台が時を刻む但馬の小京都

出石酒造の酒蔵

出石に城が築かれたのは、室町時代といわれる。その後有子山城、出石城と場所を替え、江戸時代初期に現在の城下町が整備された。出石藩の石高は五万八千石と規模は小さいながらも但馬地方随一の城下町となり、経済の中心地として出石は栄えた。

明治9（1876）年に城下町の3分の2を焼失する大火に見舞われたが、すぐに復興し、その後も但馬地方の中心であり続けた。

東西約600m、南北約620mの保存地区を歩いてみると、江戸時代から昭和初期にかけての古い町家がよく残り、明治4（1871）年に建てられた「辰鼓楼」が今も変わらず時を刻み続けている。

また、近畿最古の芝居小屋と言われる「永楽館」（保存地区外）をはじめ、明治時代の洋風建築もいくつか見られる。

出石そばや出石焼、但馬牛など町並み以外でも楽しめる要素が多い「但馬の小京都」は、小旅行にうってつけの町である。

江戸時代から昭和初期にかけての町家が立ち並ぶ

福富家旧邸を改装して公開している「出石史料館」

【交通】
JR「豊岡駅」「江原駅」「八鹿駅」から全但バス乗車、「出石」下車すぐ

妻入の商家が立ち並ぶ河原町

丹波篠山《たんばささやま》（篠山城下《ささやまじょうか》）

【兵庫県】丹波篠山市篠山

［種別］城下町

武家屋敷と商家町が残る
丹波地方の中心地

［MAP］

篠山城跡の西側に残る「御徒士町武家屋敷群」

兵庫県東部の丹波篠山市は、篠山藩五万石の城下町として栄えた丹波地方の中心地。京都と山陰、山陽をつなぐ街道上の要衝にあたるこの地に江戸初期に篠山城が築かれ、城の周りに武家屋敷を、城の東側の街道筋にあたる河原町に商家町がつくられた。

重伝建に選定されているのは、武家町の一部（城の西側と南側）と商家町で、御徒《おか》士町《ちまち》武家屋敷群と呼ばれる城の西側に、公開武家屋敷の「旧安間《あんま》家住宅」などが残り、武家町の面影をとどめている。

また、「河原町妻入商家群」の呼び名で広く知られ、約600mにわたって妻入の商家が立ち並ぶ河原町には、江戸時代末期から昭和初期にかけての白漆喰塗籠造の町家や土蔵がよく残っている。

令和3（2021）年には河原町通りの無電柱化も実施され、商人たちで賑わった往時の風情が時代を超えて蘇った。すっきりとした町並みは、夜の散策もお勧めである。

春には「丹波篠山ひなまつり」が開催される

昼間とは異なる趣を持つ夜の河原町

【交通】
JR「篠山口駅」より神姫バス乗車、「本篠山」下車すぐ

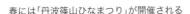

宿場町として栄えた福住の町並み

丹波篠山《たんばささやま》（福住《ふくすみ》）

【兵庫県】丹波篠山市福住

［種別］宿場町・農村集落

宿場と農村集落のハイブリッドな町並み

京都と篠山をつないだ西京街道（篠山街道）の宿場町として賑わいを見せた福住の町並みは、福住、川原、安口、西野々と四つの集落にまたがっており、旧街道に沿って3㎞以上続く。

宿場町であった福住では、河原町に見られるような白壁妻入で大型の町家が残るが、他の地区は宿場の機能を併せ持つ農村集落だったため、トタンを被せた茅葺き屋根の農家がよく見られる。

農村集落はトタンを被せた茅葺屋根が多い

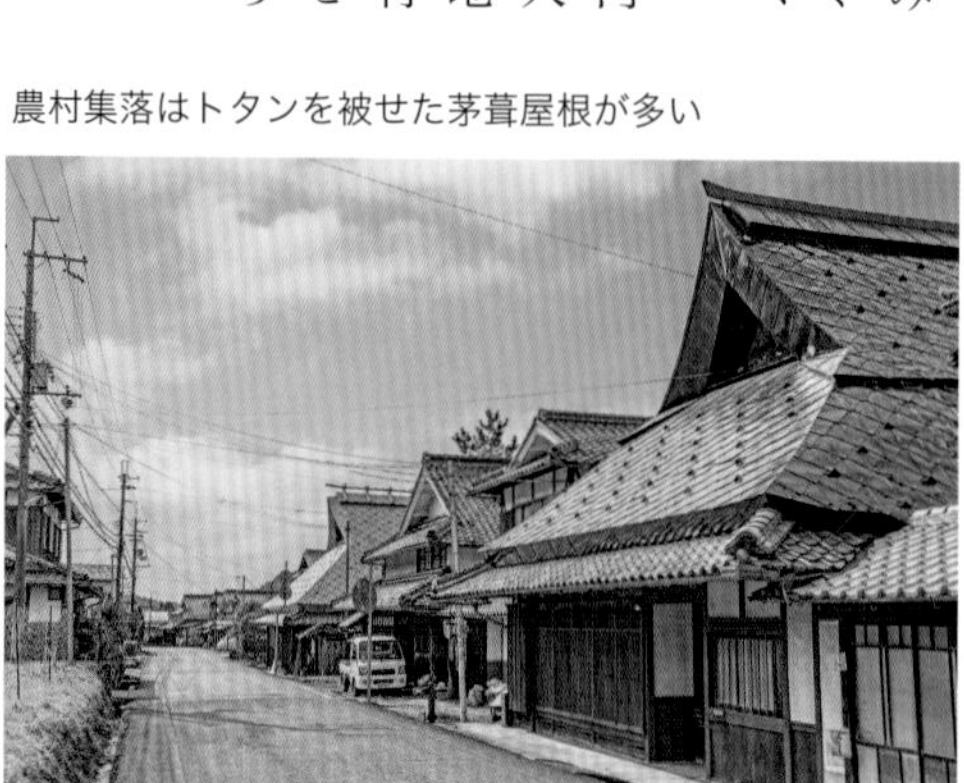

【交通】
JR「篠山口駅」から神姫グリーンバス乗車、「篠山営業所」にて乗り換え、「福住」下車すぐ

［MAP］

新緑が映える初夏の大杉集落

大《おお》屋《や》町《ちょう》大《おお》杉《すぎ》

【兵庫県】養父市大屋町大杉

［種別］山村・養蚕集落

三階建て家屋が数多く残る但馬の養蚕集落

養父市の大屋町は古くから養蚕が盛んだった地域。中でも大杉集落は、養蚕家屋では珍しい木造三階建てが多数現存し、平成29（２０１７）年に「山村・養蚕集落」では西日本で初の重伝建選定を受けた。

換気用の越屋根、大壁造り、二階から三階の蚕室に掃き出し窓を並べた切妻造平入の特徴的な養蚕家屋が群で残り、付近の石垣や水路とともに極めて価値の高い歴史的風致を伝えている。

三階建ての養蚕家屋

［MAP］

【交通】
JR「養父駅」から車で約30分

明治期以降に発展した商店街、下川原の町並み

龍《たつ》野《の》

【兵庫県】たつの市龍野

[MAP]

[種別]商家町・醸造町

醤油醸造で繁栄した播磨の小京都

上川原は古民家を再利用した店が多い

江戸時代に龍野藩主・脇坂家五万三千石の城下町として発展したたつの市龍野地区は、近世以降にうすくち醤油の醸造で発展した商家町。藩政時代の町割りをそのまま残し、江戸時代から昭和初期にかけて建てられた伝統的建造物が良好に残っている。

重伝建の範囲は町人地だったエリアの大部分で、「門の外」「上川原」「下川原」「上霞城」「大手」「立町」「本町」「川原町」の八つの地域にまたがっている。

町家は切妻造平入を基本とし、虫籠窓や出格子を設えた厨子二階のものが多く、明治期以降の本二階も見られる。また、土蔵や洋風事務所など醤油醸造の関連施設も多く見られ、醸造町としての歴史を物語っている。

龍野は童謡「赤とんぼ」で知られる詩人、三木露風のふるさとでもあり、この地での幼少期の原体験があの郷愁を誘う歌詞を生み出した。城下町には生家や歌碑などゆかりの場所が点在している。

柳が揺れる如来寺の裏路地

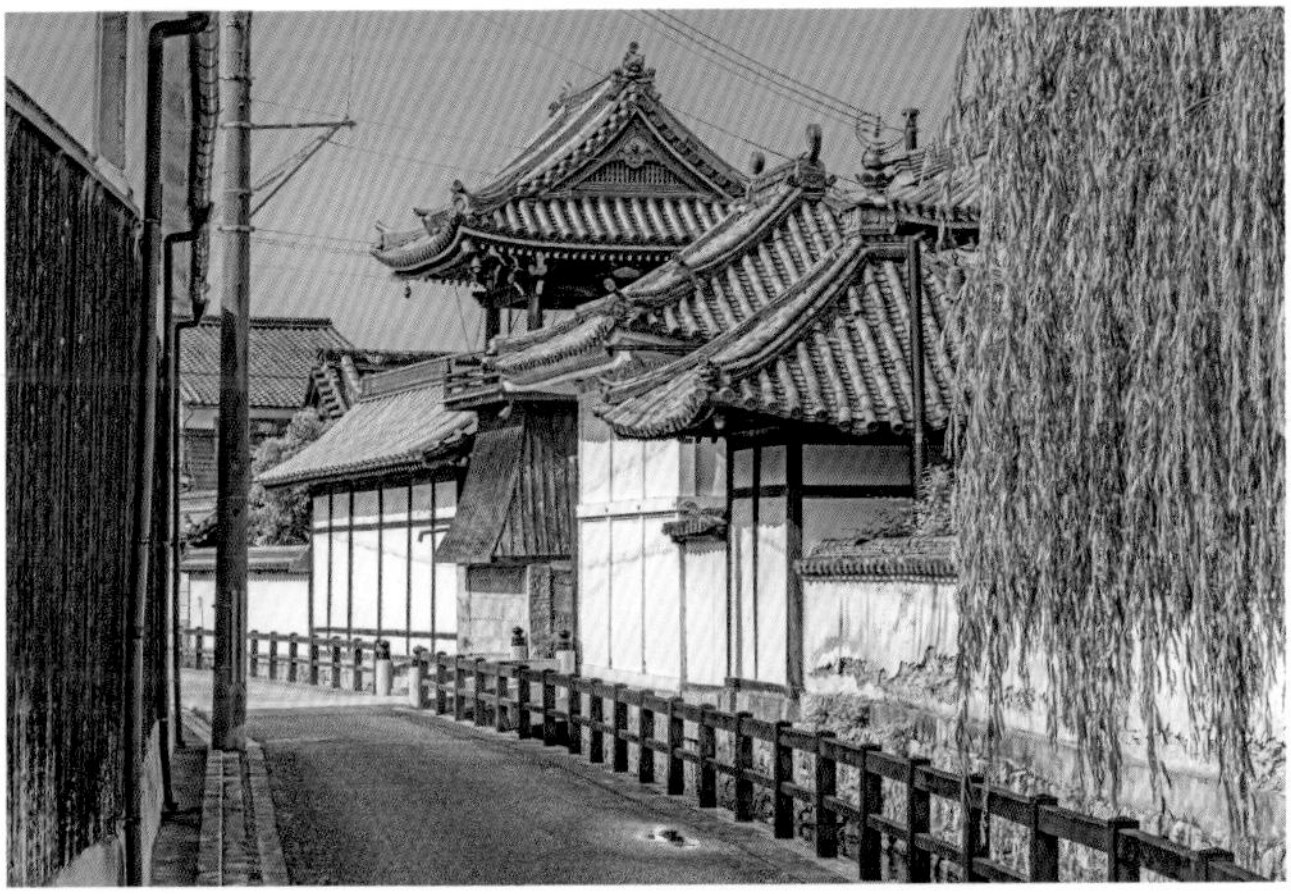

上品な雰囲気が漂う夜の城下町

【交通】
JR「本竜野駅」から徒歩20分

右側の上田家住宅は18世紀中頃の建築と言われる

今《いま》井《い》町《ちょう》

【奈良県】橿原市今井町

[MAP]

［種別］寺内町・在郷町

江戸時代の町並みが今日も残る奇跡の寺内町

トワイライトブルーに染まる寺内町

中世末期に称念寺を中心とした寺内町として成立した今井町は、周辺に濠と土居（土の垣）を巡らせ、外敵の侵入から守る環濠集落でもあった。

織田信長と戦った歴史を持つが、降伏後は朱印状による自治権を与えられ、商業都市として発展。大坂や堺とも交流が盛んになり、江戸時代には南大和最大の都市となって、今井札と言う紙幣を発行するほど栄え、「大和の金は今井に七分」といわしめるほどの繁栄をもたらした。

東西６００ｍ、南北３１０ｍの保存地区には約５００棟の伝統的建造物が残り、何とそのほとんどが江戸時代に建てられたもの。

地区内で最も古い建物は慶安３（１６５０）年の今西家住宅で、八つ棟造りと呼ばれる城郭風の外観が見られる。

この今西家や上田家住宅などの八棟と称念寺本堂が重要文化財に指定されているなど、全国でも屈指の濃密さを誇る奇跡のような町並みが現代に残っている。

寺内町の発祥となった称念寺の太鼓楼

中町筋の町並み

【交通】
近鉄「八木西口駅」または
JR「畝傍駅」から徒歩約
10〜15分

旧街道沿いの新町通りの町並み

五《ご》條《じょう》新《しん》町《まち》

【奈良県】五條市五條新町

[MAP]

交通の要衝として発展した旧街道の商家町

[種別]商家町

二見城の城下町に起源を持つ五條は、大和や紀伊、伊勢をつなぐ5つの街道が交わることで古くから交通の要衝として栄えた宿場町。江戸時代には天領になり、徐々に商業の町に変化していった。

旧紀州街道にあたる新町通りでは、江戸時代から昭和初期にかけて建てられた古い町家が軒を連ね、重厚な景観を創り出している。また、通りの入り口には、現存する日本最古の民家といわれる栗山家住宅がある。

五條新町のシンボル、旧「餅商一ツ橋」

【交通】
JR「五条駅」から徒歩15分、JR「大和二見駅」から徒歩2分

下町通りの町並み。中央から北は、街道が上町と下町の二本に分かれる

宇《う》陀《だ》松《まつ》山《やま》

【奈良県】宇陀市松山

「宇陀千軒」と称された薬と吉野葛の町

[種別]商家町

戦国時代、宇陀松山城の城下町を起源とする宇陀市の松山地区。江戸時代には天領になり、大坂と伊勢を結ぶ交通の要衝であったことから商家町として発展した。

特に吉野葛《くず》や和紙の生産が盛んに行われ、「宇陀千軒」と呼ばれるほどの賑わいを見せた。

松山は薬の町でもあり、「森野旧薬園」や薬問屋の細川家住宅を公開した宇陀市歴史文化館「薬の館」に、その歴史を見ることができる。

宇陀市歴史文化館「薬の館」

【交通】
近鉄「榛原(はいばら)駅」から奈良交通バス乗車、「大宇陀」下車すぐ

[MAP]

かつて醤油や原材料が積み下ろしされた大仙堀

湯《ゆ》浅《あさ》

【和歌山県】湯浅町湯浅

[種別]醸造町

醸造の香りが漂う醤油発祥の地

古くは熊野詣の宿所として、また港町として栄えた湯浅。町の歴史を変えたのは、鎌倉時代に伝来した金山寺味噌の製造過程で、たまたま生み出されたと言われる醤油。藩の保護もあり、江戸時代には醤油屋が92軒を数えたという。

明治以降は藩の保護を失い激減したが、醤油醸造で繁栄した時代を偲ばせる町家や蔵、醤油を積み出した大仙堀などが、当時の町割りとともに、歴史を今に伝えている。

通りには重厚なつくりの町家が立ち並ぶ

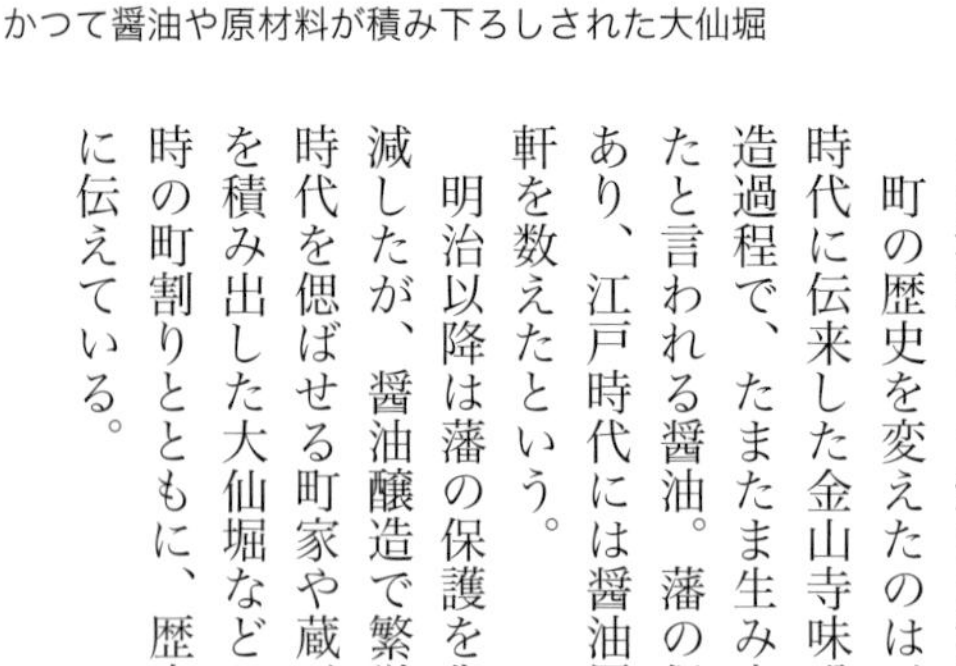

[MAP]

【交通】
JR「湯浅駅」から徒歩約10分

中国

大山[P120]鳥取県大山町所子
倉吉[P118]
鳥取県倉吉市打吹玉川
若桜[P119]
鳥取県若桜町若桜
鳥取県
津山城東[P128]岡山県津山市城東
津山城西[P129]岡山県津山市城西
岡山県
大森銀山[P121]
島根県大田市大森銀山
温泉津[P122]
島根県大田市温泉津
萩(堀内地区)[P140]
山口県萩市堀内地区
萩(平安古地区)[P141]
山口県萩市平安古地区
萩(浜崎)[P142]
山口県萩市浜崎
島根県
吹屋[P130]岡山県高梁市吹屋
矢掛宿[P131]岡山県矢掛町矢掛宿
広島県
倉敷[P126]
岡山県倉敷市倉敷川畔
津和野[P124]
島根県津和野町津和野
鞆町[P136]広島県福山市鞆町
山口県
竹原[P134]広島県竹原市竹原地区
萩(佐々並市)[P143]
山口県萩市佐々並市
宮島町[P138]
広島県廿日市市宮島町
御手洗[P132]広島県呉市豊町御手洗
柳井[P144]山口県柳井市古市金屋

玉川沿いの土蔵群。焼杉の腰板が特徴的

倉吉《くらよし》

【鳥取県】倉吉市打吹玉川

［種別］商家町

赤瓦とのコントラストが美しい白壁土蔵群

戦国時代に打吹《うつぶき》城の城下町だった倉吉。廃城後、江戸時代には陣屋が置かれ、交通の要所であったことから明治時代にかけて商工業が発展。今に残る町並みの基礎がつくられた。

保存地区の中心である本町通りは江戸から明治期にかけて建てられた、店舗兼住宅の平入の商家が立ち並ぶ。

一方、裏手にあたる玉川沿いは白壁の土蔵群である。いずれもこの地方の特産品である赤い石州瓦が空に映え、上品な景観を創り出している。

本町通り沿いの町並み

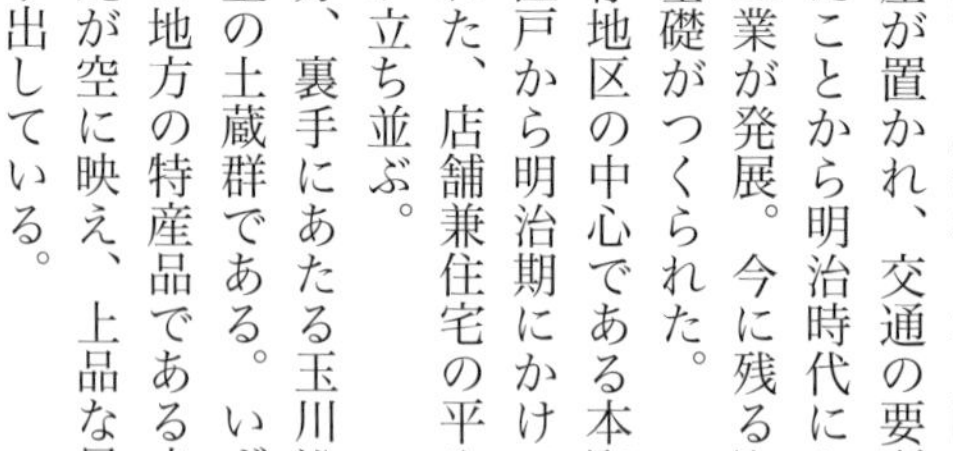

【交通】
JR「倉吉駅」から日本交通バス乗車、「赤瓦・白壁土蔵」または「白壁土蔵群前」下車すぐ

［MAP］

若桜街道・仮屋通りの町並み

若桜《わかさ》

【鳥取県】若桜町若桜

雪国の知恵と工夫が詰まった若桜街道の宿場町

［種別］商家町

鬼ヶ城の城下町を起源に持ち、江戸時代以降は鳥取と姫路をつなぐ若桜街道の宿場町や商業都市として栄えた若桜。

明治18（1885）年の大火で大半を焼失してしまうが、復興の際に裏通りは蔵以外の建物を建てることを禁じ、主屋は道路から下げて仮屋と呼ばれる庇《ひさし》を付けることが取り決められた。

豪雪地帯である若桜でアーケードの役割を果たした仮屋《かりや》は、現在も風情ある景観を創り出している。

裏手の「蔵通り」は土蔵が立ち並ぶ

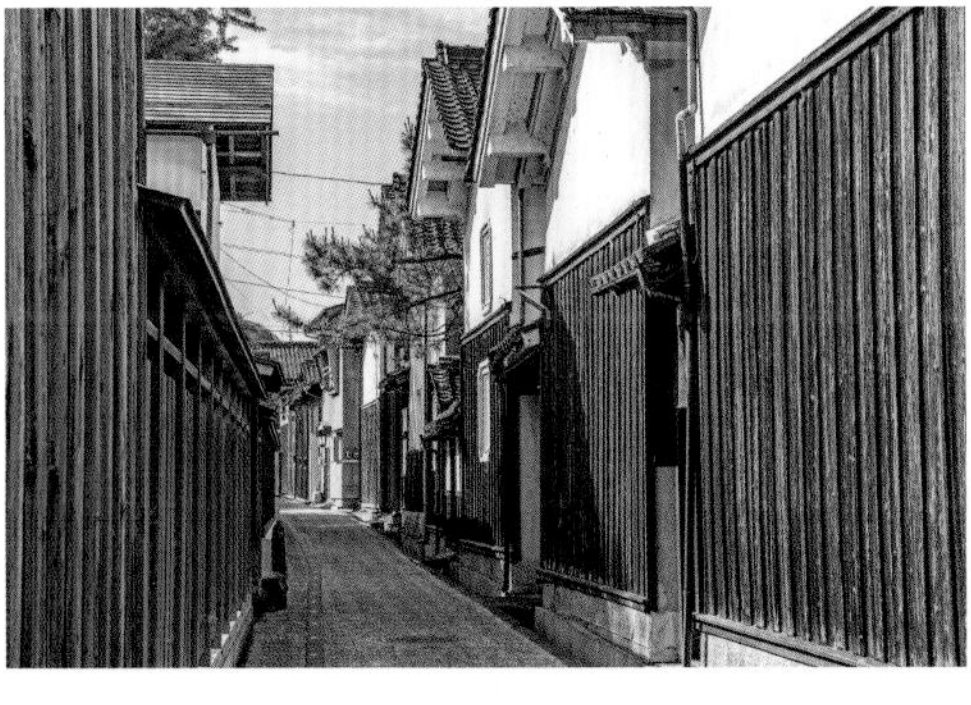

【交通】
若桜鉄道「若桜駅」から徒歩2分

［MAP］

坊領道沿いの門脇家住宅（左）と東門脇家住宅（右）

大山《だいせん》

【鳥取県】大山町所子

［種別］農村集落

大山の参詣道が貫く農村集落

所子は大山の北麓に位置する農村集落。

大山への参詣道、坊領道が「カミ」地区と「シモ」地区に分かれる集落内を通り、道沿いには門脇家住宅（重要文化財）、東門脇家住宅・美甘家住宅（国登録有形文化財）などの近世から昭和初期にかけて建てられた伝統的建造物が群として残っている。

さらに田畑や水路などが混然一体となって、この地方の伝統的な農村集落の景観を今に伝えている。

「カミ」の町並み

【交通】
JR「大山口駅」から徒歩15分

[MAP]

銀山と盛衰をともにした大森の町並み

大森銀山《おおもりぎんざん》

【島根県】大田市大森銀山

[MAP]

かつて海外に名を馳せた、世界有数の銀山の夢のあと

［種別］鉱山町

室町時代に発見され、16～17世紀に最盛期を迎えた石見《いわみ》銀山。当時、世界の銀産出量の3分の1を日本が占め、その大部分が石見産だったと言う。

その栄枯盛衰を見てきたのが銀山のお膝元に広がる大森の町である。

銀の採掘に関わるすべての人が住んだ町には武家地や町人地のような区別がなく、武家屋敷や町屋、商家が混在する混然とした町並みになっているのが実に興味深い。

赤い石州瓦が続く家並みは壮観

【交通】
JR「大田市駅」から石見交通バス乗車、「大森代官所跡」または「大森」下車すぐ

正面の洋館は大正8(1919)年築の薬師湯旧館

温泉津《ゆのつ》

【島根県】大田市温泉津

[MAP]

[種別]港町・温泉町

銀の積み出し港として栄えた世界遺産の温泉街

庄屋屋敷の脇道は「なまこ壁通り」と呼ばれる

全国で唯一、「温泉町」として重伝建に選定されている温泉津は、中世に石見銀山で産出した銀の積み出し港として栄えた。

銀の産出が減少した江戸中期以降は、北前船の寄港地として廻船問屋が立ち並ぶ町並みへと変化し、変わらぬ賑わいを見せた。

旧街道（銀山街道）にあたる保存地区を歩くと、江戸末期から昭和初期にかけての伝統的建造物が良好に残り、古い旅館から洋風建築、なまこ壁の土蔵まで多様な建物を見ることができる。

また、開湯１３００年と温泉の歴史も折り紙付きで、明治５（１８７２）年の浜田地震で湧出した薬師湯が、日本温泉協会の審査で最高評価を受けるなど、温泉の質にも定評がある。開湯以来の元湯は泉質が微妙に異なるが、こちらもかけ流しの本物の湯が楽しめるので、はしご湯もお勧め。

石見銀山とともに世界文化遺産にも登録されており、世界遺産、重伝建、名湯と魅力に事欠かない町である。

温泉津の温泉街は古い建物の宝庫

夜はことさら情緒的な雰囲気に包まれる

【交通】
JR「温泉津駅」から徒歩15分

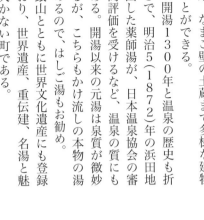

旧町人地には重厚な商家が立ち並ぶ

津《つ》和《わ》野《の》

【島根県】津和野町津和野

[MAP]

[種別]武家町・商家町

色とりどりの鯉が
悠然と泳ぐ
山陰の小京都

本町通りの町並み

山間の小さな盆地に広がる島根県西部の津和野町は、津和野城の城下町として発展してきた歴史を持つ。

旧山陰道を中心に町がつくられ、北側に町人地（商家町）、南側に武家町を配置。南北約６００ｍに及ぶこのエリアが重伝建の範囲となっている。

商家町を貫く通りは本町通りと呼ばれ、この通りに沿って石州瓦の屋根を持つ間口の広い町家や白壁の土蔵が立ち並び、商人たちで賑わった時代の名残がそこかしこで見られる。

対して「殿町」と呼ばれる武家町にはかつての藩校や武家屋敷の表門が残り、防火のために設けられた掘割を、その数３００から５００匹とも言われる鯉が悠然と泳ぎ回る、いかにも城下町といった風情を味わうことができる。

メインストリートには石畳が敷かれ、白壁の古い町並みや水路が風情を醸す美しい津和野の城下町は「山陰の小京都」と呼ばれている。

掘割を鯉が悠然と泳ぐ殿町

夜の本町通り

【交通】
JR「津和野駅」から徒歩5分

倉敷川沿いの景観。右手の洋館は大正6(1917)年築の倉敷館

倉敷《くらしき》

【岡山県】倉敷市倉敷川畔

[種別]商家町

昼も夜も美しい、まるで絵画のような白壁の町並み

[MAP]

路地に入り込むとなまこ壁の白壁土蔵が見られる

川沿いに柳が揺れ、白壁の土蔵が立ち並ぶ倉敷の美しい町並みは、「美観地区」の名で知られる日本を代表する観光名所のひとつである。

交通の要衝だった倉敷はもともと倉敷川の舟運で栄えた川港だったが、江戸時代には天領になり幕府の代官所が置かれた。そして多くの商人が集まり、蔵が建ち、商業の中心地として栄え今に残る町並みが形成された。

倉敷川畔には豪商だった大原家の屋敷や米蔵を改装した倉敷考古館、かつて役場だった洋風木造建築の倉敷館、日本初の民間経営による西洋美術館「大原美術館」など往時を偲ばせる建物が残り、観光客で賑わいを見せている。

一方、倉敷川畔の北側の本町、東町界隈は町家が立ち並び、今も昔からの暮らしが息づくような静かな町並みが見られる。

また、日没後は美観地区全体がライトアップされ、日中とは異なる幻想的な景観が楽しめる。

古い町家が立ち並ぶ本町通り

夜は美観地区全体がライトアップされる

【交通】
JR「倉敷駅」から徒歩15分

出雲街道に沿って町家が連続する城東地区

津《つ》山《やま》城《じょう》東《とう》

【岡山県】津山市城東

出雲街道の中継地として栄えた商家町

［種別］商家町

津山城東地区は津山城下の東にあたるかつての町人地で、畿内と出雲をつないだ出雲街道沿いの約1kmにわたるエリアが重伝建の範囲。

街道に沿って、出格子や袖壁、なまこ壁などを設えた近世以降の伝統的建造物が立ち並び、交差する小路や枡形など、江戸時代の町割りもよく残っている。

豪商・梶村家の屋敷だった「城東むかし町家」や幕末の蘭学者、箕《み》作《つくり》阮《げん》甫《ぽ》の旧宅などが一般公開されている。

かつて造り酒屋だった旧苅田家住宅（国の重要文化財）

［MAP］

【交通】
JR「津山駅」から徒歩約20分

出雲街道沿いの家並み

津山城西《つやまじょうさい》

【岡山県】
津山市城西

半分、寺町
津山城下の西側の町並み

[種別]寺町・商家町

津山の城下町は城の南方に出雲街道を整備し、街道沿いに町人地を置いた。そして、南を除く三方には寺町を配置。

そのうち最大規模だったのが江戸時代に22もの寺院があった「西寺町」で、津山城西はこの西寺町と出雲街道沿いの商家町を含むエリアが重伝建の範囲。

現在は12の寺院と街道沿いの町家、近代建築の作州民芸館(旧土居銀行津山支店)が混然一体となった、稀有《けう》な町並みを形成している。

明治42(1909)年築の作州民芸館

【交通】
JR「津山駅」から徒歩約20分

[MAP]

弁柄色で統一された見事な町並み

吹屋《ふきや》

【岡山県】高梁市吹屋

山中に突如 幻のように 現れる赤い町並み

［種別］鉱山町

古くは平安時代に発見されたとされる銅山で、江戸時代には天領となった吹屋。

江戸中期、鉱山の捨て石からたまたま弁柄《べんがら》（顔料）の原料が発見され量産に成功したことが、その後の歴史を決定づけた。

江戸末期から明治にかけて弁柄の一大産地として圧倒的な成功を収めたが、吹屋商人たちは和を尊び、町全体に統一感を持たせた町づくりを行った。

石州瓦と弁柄色の外観は、その崇高な精神の賜物である。

下谷の町並み（左は田村家）

【交通】
JR「備中高梁駅」から備北バス乗車、終点「吹屋」下車

[MAP]

豪壮な建物が目を引く旧矢掛本陣石井家住宅

矢掛宿《やかげじゅく》

【岡山県】矢掛町矢掛宿

[種別]宿場町

本陣と脇本陣が揃って現存する山陽道の宿場町

旧山陽道の宿場町として栄えた矢掛宿の町並みは、小田川に沿って800mほど続く。

ここの凄さは何と言っても本陣と脇本陣の建物が往時の姿で揃って現存していることで、これは日本広しと言えどもここだけといわれている。

いずれも重要文化財で内部を見学できるので是非とも立ち寄りたい。

近年、古民家を改装した宿泊施設ができたことでにわかに脚光を浴び、足を運ぶ人も増えていると言う。

旧矢掛脇本陣髙草家住宅

【交通】
井原鉄道「矢掛駅」から徒歩約5分

[MAP]

常盤町通りは最も濃密な町並みが残る

御《み》手《た》洗《らい》

【広島県】呉市豊町御手洗

[MAP]

[種別]港町

北前船の風待ち、潮待ちで賑わった港町

夜もまた風情があって良い

芸予諸島の大崎下島に位置する御手洗は、北前船が行き来した江戸時代、風待ち、潮待ちで賑わった港町。

諸国の廻船を相手にした中継貿易や参勤交代の寄港地として栄え、その名残は近世に建てられた商家や長屋、船宿の遺構などにとどまらず、高燈籠《たかとうろう》や雁木《がんぎ》、防波堤などの港湾施設にも見ることができる。

北前船が衰退すると御手洗も役目を終え、さらに昭和31(1956)年に発足した豊町の中心が大長《おおちょう》に移ったことで、昔の町並みはそのまま残されることになった。

中心の常盤町通りに妻入の町家が立ち並ぶ他、元劇場や医院など、近代に建てられた洋風建築も点在するなど、趣深い町並みが広がっている。

また、御手洗には藩の公認を受けた茶屋(遊郭)が4軒あり、その中で最も大きい「若胡子屋《わかえびす》」は最盛期にはお抱えの遊女が百人いたと言われる。唯一現存するその建物が、往時の隆盛を今に伝えている。

江戸時代に築かれた防波堤「千砂子波止」

乙女座は昭和12(1937)年に建てられた劇場

【交通】
JR「呉駅」から車で約60分

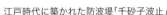

西方寺から眺める竹原の家並み

竹原《たけはら》

【広島県】竹原市竹原地区

［種別］製塩町

製塩で飛躍的な発展をとげた安芸の小京都

[MAP]

竹原を代表する豪商「旧松阪家住宅」

平安時代に京都下鴨神社の荘園であった歴史から「安芸の小京都」と呼ばれる竹原は、江戸初期に干拓で入り江を埋め立て、塩田を開発したことで発展した。

船着き場を整備し、北前船の寄港地にもなったことで塩を全国に売れるようになり、商人たちは莫大な財を成した。

現在残る町並みはまさに製塩業の利益によってもたらされたもので、「浜旦那」と呼ばれた塩田経営者の豪邸や大型の町家が、本町通りを中心に連なっている。

建物は二階建ての切妻造、本瓦葺きが多く、平入と妻入が混在しているため、変化に富んでおり、独特の味わいがある。一軒一軒意匠の異なる「竹原格子」と呼ばれる出格子や塗格子を見て歩くのも楽しい。

また、竹原は醸造業も盛んだったことから今も造り酒屋が数軒残っている。ニッカウヰスキーの創業者、竹鶴政孝の生家である竹鶴酒造は、その代表格である。

本町通りの町並み

夜はひっそりと静まり返る

【交通】
JR「竹原駅」から徒歩15分

1859年に建造された常夜燈は鞆の浦のシンボル

鞆《とも》町《ちょう》

【広島県】福山市鞆町

[種別]港町

江戸期の港湾施設が揃って現存する奇跡の港町

[MAP]

趣深い路地が多いのも魅力

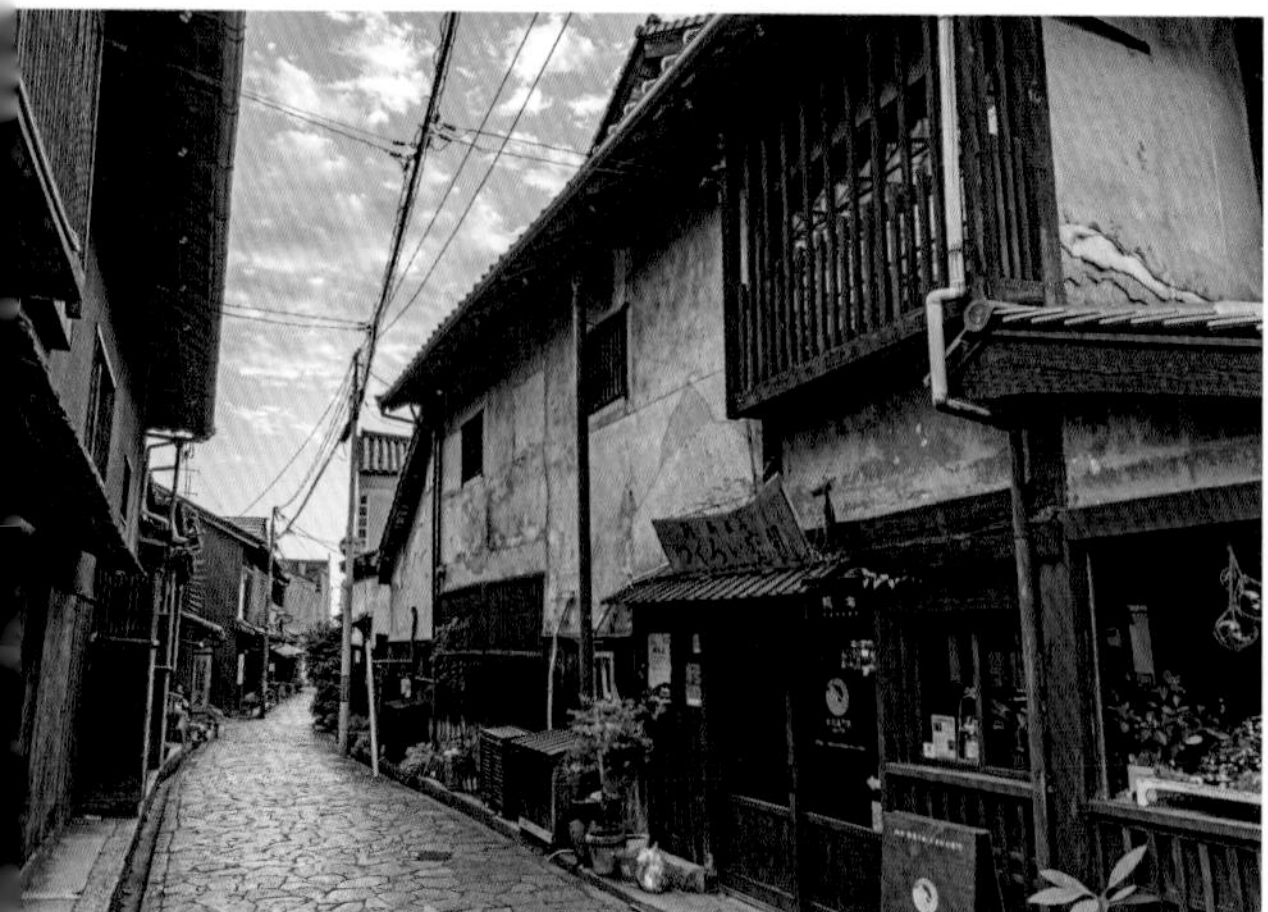

海運が風向きや潮流に大きく左右された時代、各地に風待ちや潮待ちのために停泊する港が存在した。古くから瀬戸内海の景勝地として知られる鞆の浦もそのひとつだ。

近世からの町割りがそのまま残り、入り組んだ路地を歩くと江戸時代以降の商家や土蔵、明治以降の近代建築などが見え隠れする。

特に、江戸時代の港には必ずあった港湾施設「常夜燈」「雁木」「波止場」「焚場《たでば》」「船番所」が揃って現存。これは国内でも鞆の浦だけと言われており極めて価値が高い。

かつてこの地に立ち寄った朝鮮通信使は福禅寺対潮楼からの眺望を絶賛し、室町幕府最後の将軍・足利義昭が落ち延びた話や、いろは丸を沈められた坂本龍馬が談判で滞在したりと、鞆の浦は歴史上の逸話にも事欠かない。

また、350年の歴史を誇る鞆の浦の名産、保命酒《ほうめいしゅ》は現在も鞆の浦のみでつくられており、四つの蔵元がその伝統を守り続けている。

医王寺の太子殿から鞆の浦の町が一望できる

江戸末期建築の「鞆の津の商家」

【交通】
JR「福山駅」から鞆鉄バス乗車、
「鞆の浦」または「鞆港」下車すぐ

五重塔を望む景観は町家通りのハイライト

宮島町《みやじまちょう》

【広島県】廿日市市宮島町

[MAP]

[種別]門前町

かつてのメインストリートは風情ある町家通りへ

西町の町並み。右は宮島歴史民俗資料館

世界遺産の厳島神社と海に浮かぶ大鳥居で有名な宮島。

海に近い参道と表参道商店街は人で賑わうが、最も山側にある「町家通り」はあまり知られていない。

ここはかつて本町筋と呼ばれたメインストリート。今も人々が生活する伝統的な町家建築が立ち並ぶエリアで東町という。対して西町と呼ばれる厳島神社の西側はかつて社家町だったエリアで、趣の異なる2つの地区が重伝建の範囲となっている。

町家通りには江戸時代から昭和初期までの町家が立ち並び、現代的な感覚を取り入れたお洒落な宿や商店も見られる。軒先の行灯に明かりが灯り、通りがしっとりとした情緒に包まれる夜の風情は格別である。

社家や寺社が集まる西町は対照的で、全体的に厳かな雰囲気に包まれる。石垣の上に築かれた神職の屋敷が見られる大聖院付近と、豪商の旧江上家を活用した宮島歴史民俗資料館付近で雰囲気が異なるのも面白い。

行灯が風情を醸す夜の町家通り

社家町の滝小路

【交通】
JR宮島口駅からフェリーで約10分、「宮島桟橋」から徒歩約5分

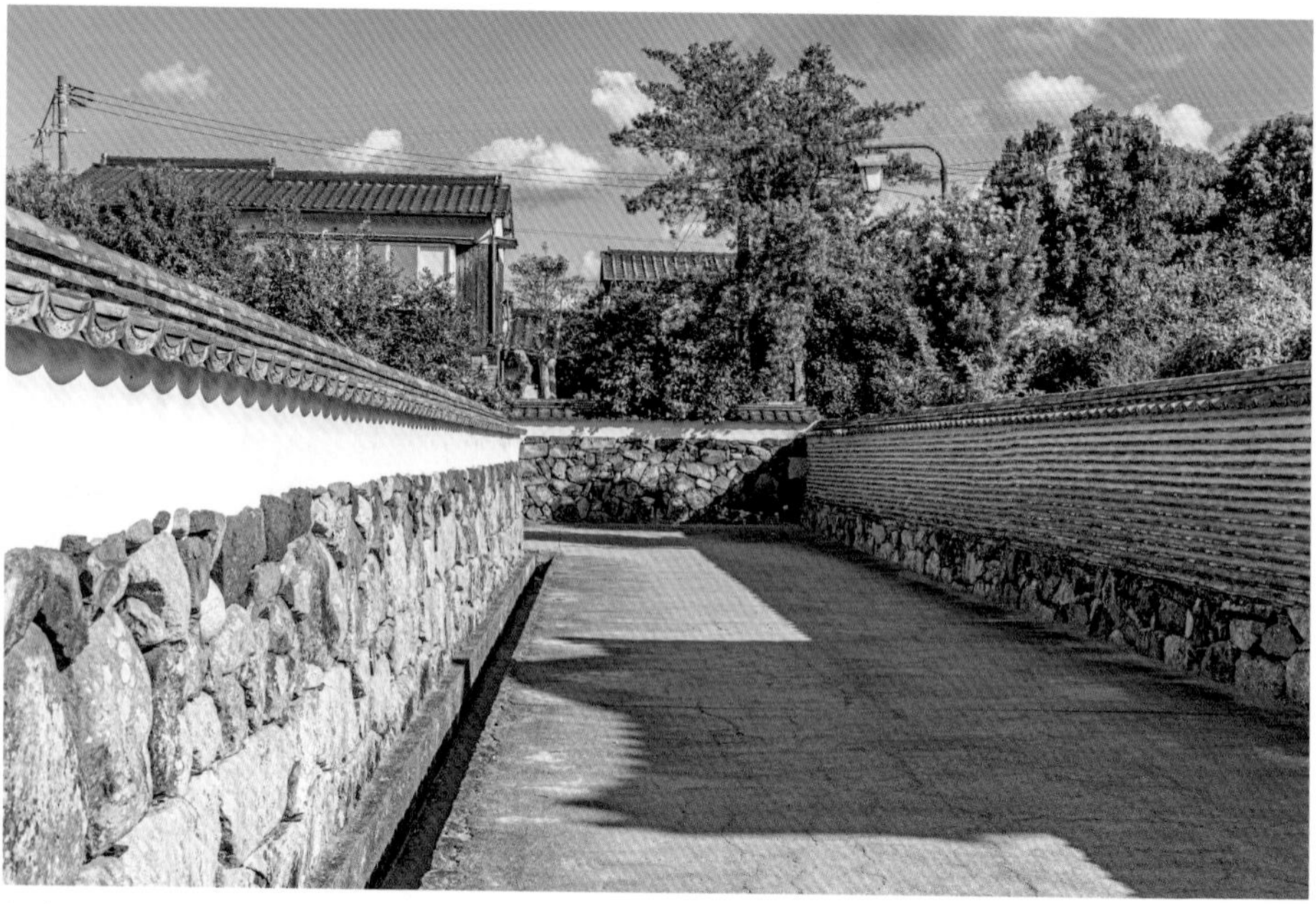

堀内鍵曲（かいまがり）。見通しを悪くするために道を鍵の手に曲げている

萩《はぎ》（堀内《ほりうち》地区）

【山口県】萩市堀内地区

土塀と夏みかんに彩られる上級武士の町

［種別］武家町

旧萩城の三の丸地域にあたる堀内地区は、江戸時代に藩の諸役所や重臣の屋敷が立ち並んだエリア。東西約９９０ｍ、南北約６６０ｍにわたる保存地区には武家屋敷のほか、物見櫓や長屋門が残る。

幕末、長州藩は藩庁を山口へ移転させた。困窮する士族の救済のために明治時代に始まった夏みかんの栽培は、土塀越しに顔をのぞかせる萩のシンボルとも言える景観を生み出し、城下町風情に華を添えている。

旧三の丸の北の総門筋に立つ旧周布家長屋門

［MAP］

【交通】
JR「萩駅」または「東萩駅」から萩循環まぁーるバス乗車、「萩博物館前」下車すぐ

平安古鍵曲。道幅が狭いため車で通行するのもひと苦労

萩《はぎ》（平安古《ひやこ》地区）

【山口県】萩市平安古地区

鍵曲が残る、夏みかん発祥の地

［種別］武家町

萩の城下町では堀内地区から武士たちの屋敷地が整備されたが、開墾が進むにつれて、橋本川沿いの平安古地区にも屋敷を構えるようになった。

現在でも江戸時代の地割りが残り、武家屋敷の長屋門や土蔵のほか、堀内同様に土塀と鍵曲《かいまがり》が往時の雰囲気を色濃く残している。

元内閣総理大臣田中義一の別邸は元々は夏みかん栽培を奨励した小幡高政の邸宅で、隣接するかんきつ公園では夏みかんを間近で見ることができる。

旧田中別邸の五松閣

【交通】
JR「萩駅」または「東萩駅」から萩循環まぁーるバス乗車、「平安古」下車徒歩5分

［MAP］

かつて海産物問屋だった斉藤家は江戸後期の建築

萩《はぎ》（浜崎《はまさき》）

【山口県】萩市浜崎

藩の経済を支えた城下の港町

［種別］港町

萩の三角州の北東端、松本川の河口に開けた浜崎は萩城下の港町として栄えた。

江戸時代には廻船業や魚市場などの水産業、生活物資を扱う商人などが居住。北前船も寄港し町は大いに賑わった。

町並みは中央を貫く本町筋に沿って、江戸末期から昭和初期に建てられた伝統的な町家が立ち並ぶ。

海上安全の守り神である住吉神社や船具店、藩の御船倉など海や船にまつわる施設、遺構が多いのが特徴である。

右手に見える白壁は船具店だった旧山村家住宅

【交通】
JR「萩駅」または「東萩駅」から萩循環まぁーるバス乗車、「御船倉入口」下車徒歩3分

［MAP］

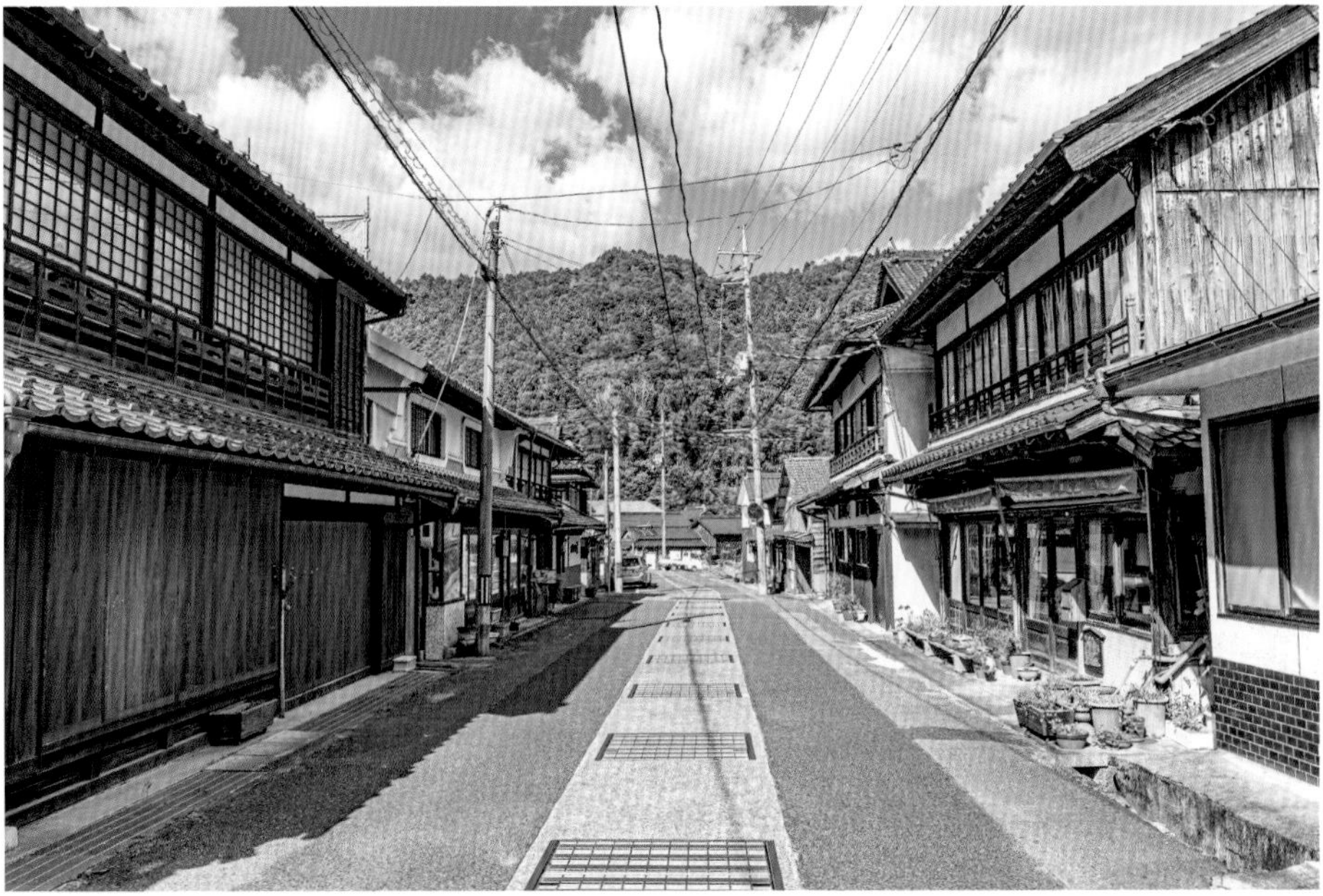

萩往還に沿ってかつての宿場の面影が残る

萩《はぎ》（佐々並市《ささなみいち》）【山口県】萩市佐々並市

石州瓦の屋根が美しい萩往還の宿場町

［種別］宿場町

佐々並市は萩市の南部に位置する山間の集落。

元々は農村だったが、萩城下と三田尻を結んだ萩往還の中間点にあたることから、参勤交代の際に藩主が休息する御茶屋を中心に宿駅機能を有する集落となった。

街道に沿ってかつての賑わいを偲ばせる町並みが残り、積雪の多い山間部らしく石州瓦の家が多く見られる。

佐々並市の選定で萩市の重伝建は4カ所となり、これは京都市、金沢市と並んで全国最多となっている。

石州瓦が艶やかな佐々並市の集落

【交通】
JR「東萩駅」または「山口駅」から中国JRバス乗車、「佐々並」下車すぐ

［MAP］

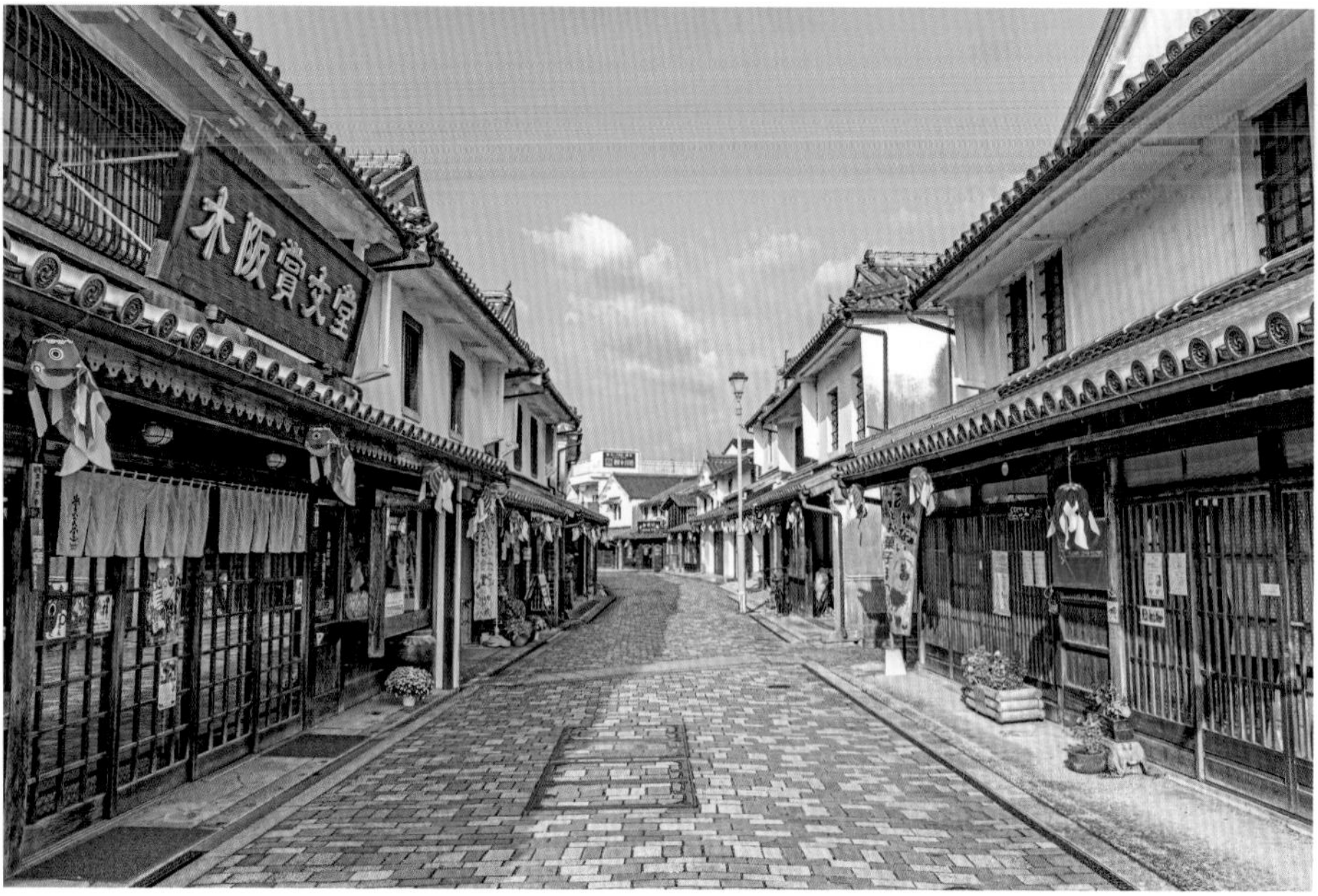

「白壁の町並み」と呼ばれる美しい町並み

柳《やな》井《い》

【山口県】柳井市古市金屋

［種別］商家町

金魚ちょうちんが揺れる瀬戸内の商都

「白壁の町並み」と呼ばれる柳井は、江戸時代に藩の積み出し港となり瀬戸内海交通の要衝として栄えた商都。どれほど繁栄したのかは、約２００ｍ続く町並みを見れば一目瞭然。

通りの両側に白漆喰で塗り込めた江戸中期から明治にかけての伝統的建造物がびっしりと立ち並ぶ。その景観はただ圧巻である。

また、柳井の民芸品である「金魚ちょうちん」も通りの風情に華を添え、来訪者の目を楽しませてくれる。

江戸時代から残る「かけや小路」

【交通】
JR「柳井駅」から徒歩8分

[MAP]

四国

笠島[P150]
香川県丸亀市塩飽本島町笠島
香川県
脇町[P146]
徳島県美馬市脇町南町
徳島県
東祖谷山村落合[P148]
徳島県三好市東祖谷山村落合
愛媛県
出羽島[P149]
徳島県牟岐町出羽島
内子[P152]
愛媛県内子町八日市護国
高知県
安芸[P156]
高知県安芸市土居廓中
宇和町卯之町[P154]
愛媛県西予市宇和町卯之町
吉良川[P155]
高知県室戸市吉良川町
津島町岩松[P151]
愛媛県宇和島市津島町岩松

うだつを上げた商家が立ち並ぶ南町通り

脇町《わきまち》

【徳島県】美馬市脇町南町

［種別］商家町

藍で栄えた商人たちのうだつの上がる町

それぞれ個性の異なるうだつは眺めるだけでも楽しい

［MAP］

徳島は藍の産地として知られているが、この阿波藍の集散地として栄えたのが美馬市の脇町である。香川へ向かう讃岐街道と東西に延びる撫養《むや》街道、そして吉野川の水運も利用できる立地が商業の町としての発展を後押し、多くの豪商を生み出した。

約400m続く南町通りには、江戸中期から昭和初期にかけての伝統的建造物が立ち並び、本瓦葺きの屋根に厚く塗り込めた白漆喰の壁、虫籠窓《むしこまど》や蔀戸《しとみど》などが昔日の繁栄を偲ばせる。

脇町は俗に「うだつの町並み」と呼ばれるように、どの商家にも一様にうだつが上がっているが、町並みの単位でまとまってうだつが残るのは、岐阜県の美濃町(P73)とこの脇町だけと言われている。うだつの意味合いも美濃と同様に、防火壁から徐々に富の象徴へと変化していった。

うだつを観察しながら町を歩くと、藍商人たちが栄華を誇ったありし日の光景が、目に浮かぶようである。

夜は暖色系の明かりで町並みが優しく照らされる

鯉のぼりもうだつの前ではやや控えめ

【交通】
JR「穴吹駅」から車で約10分

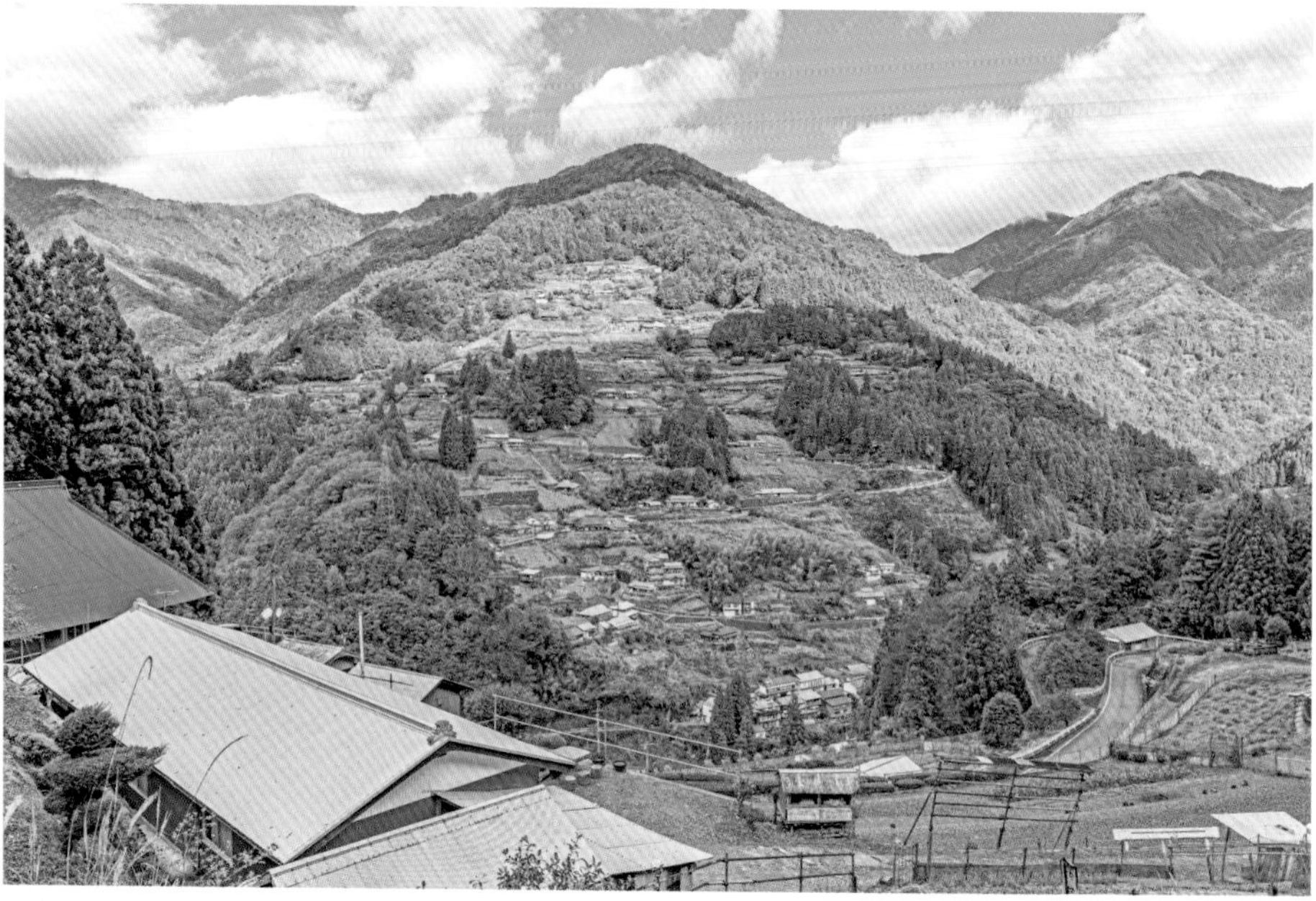

展望所に行けば正面から落合集落が一望できる

東《ひがし》祖《い》谷《や》山《やま》村《そん》落《おち》合《あい》

【徳島県】三好市東祖谷山村落合

［種別］山村集落

急峻な斜面に広がる天空の村

［MAP］

「日本三大秘境」のひとつ、祖谷地方に位置する落合集落は、平家の落人が隠れ住んだと伝えられる山村の集落。

高低差390mにも及ぶ山の急斜面に張り付くように形成された集落は、石垣や畑などの周辺環境とともに日本の原風景とも呼ぶべき、美しい景観を今に残している。

建物は江戸中期から昭和初期にかけてのものが現存し、明治34（1901）年築の長岡家住宅が一般公開されている。

急斜面上の集落には平地が存在しない

【交通】
JR「阿波池田駅」または「大歩危駅」から四国交通バス乗車、「落合橋」下車徒歩30分

ミセ造りが特徴的な出羽島の町並み

出羽島《てばじま》

【徳島県】牟岐町出羽島

[種別]漁村集落

のんびりとした島時間が流れる古き良き漁師町

徳島県南東部に位置する出羽島は、かつてカツオ漁で栄えた周囲約3㎞の漁業の島。

雨戸が上下に開き、庇と縁台になる「ミセ造り」が残る町並みで、これはこの地方でしか見られない大変希少なもの。

また、島内には車が一台もなく、島民は「ねこぐるま」と呼ばれる手押し車で荷物を運ぶ。

江戸末期から昭和初期にかけての家々や、明治4(1871)年につくられた石積みの防波堤に、昔ながらの漁師町の面影が感じられる。

展望台からは集落が一望できる

【交通】
「牟岐港」から出羽島連絡船で15分

[MAP]

マッチョ通りと「笠島まち並保存センター」(真木邸)

笠島《かさしま》

【香川県】丸亀市塩飽本島町笠島

[MAP]

船大工の技が光る塩飽水軍の本拠地

[種別]港町

塩飽《しわく》諸島は戦国時代に海運や廻船で活躍した塩飽水軍の本拠地で、本島はその中心であった。

廻船業が全国に広がり需要が減少した江戸中期以降は、船大工の技術を生かして「塩飽大工」として各地で活躍した。

本島の笠島集落では、そんな名工たちに手掛けられた屋敷が多く残り、その数は江戸後期から明治期だけでも30棟余りに。

千本格子や虫籠窓、そして下屋根を支える「持ちおくり」など、随所に塩飽大工の技が息づいている。

笠島集落全景。見るからに立派な町家が多い

【交通】
「丸亀港」から本島汽船に乗船、「本島港」から徒歩25分

昔ながらの形式で残る岩松の町人長屋

津《つ》島《しま》町《ちょう》岩《いわ》松《まつ》

【愛媛県】宇和島市津島町岩松

豪商とともに栄えた岩松川河口の町

［種別］在郷町

岩松川の河口に位置し、江戸時代に物資の集散地として繁栄した津島町岩松地区。

豪商の小西家が移り住んだことで町は発展し、近代にかけて製蝋《せいろう》業や酒造業で大いに栄えた。

江戸末期から昭和中期にかけての伝統的建造物は、切妻造平入の商家をはじめ、町人長屋や洋風建築、かつて農村であった名残の農家家屋に至るまで、実に多様である。

また、岩松は作家の獅子文六の小説「てんやわんや」の舞台としても知られている。

洋風の意匠が目を引く内山醤油店（昭和4年築）

【交通】
JR「宇和島駅」から宇和島バス乗車、「岩松」下車徒歩3分

[MAP]

通りで最も目を引く本芳我（ほんはが）家の建物

内《うち》子《こ》

【愛媛県】内子町八日市護国

［種別］製蝋町

浅黄色の壁が美しい、木蝋で莫大な富を築いた町

[MAP]

幻想的な雰囲気が漂う夜の町並み

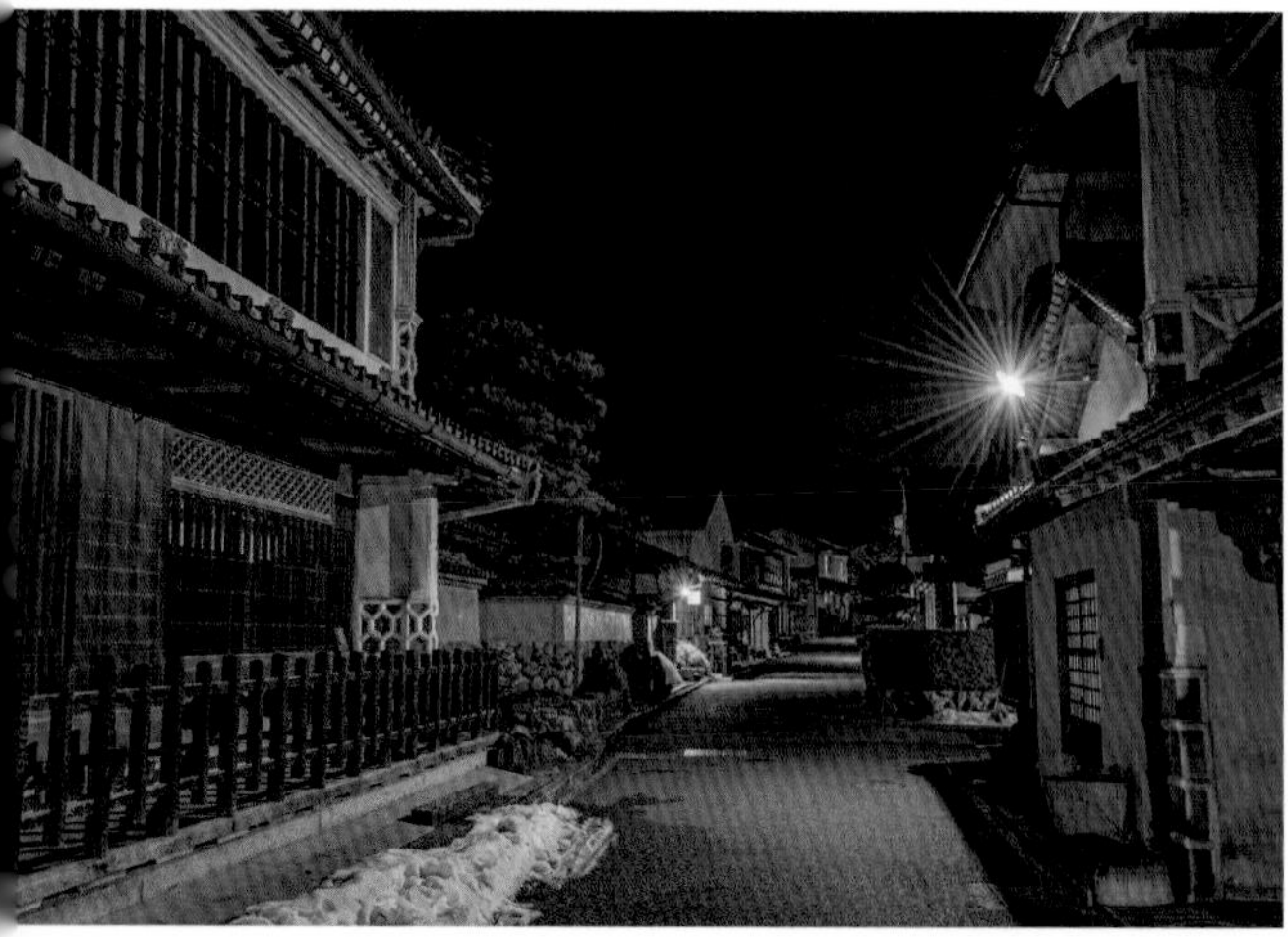

南予地方にある内子は昔から交通の要衝だった町で、古くは宿場町として賑わった。江戸時代、大洲藩の領地になると和紙の生産を奨励し、藩の専売品となったことで、商人たちは富を築いていった。

ハゼノキの栽培に適していた内子は、明治中頃までにハゼノキから作られる木蝋の生産へと鞍替えし、最盛期の明治30年代には、愛媛県は木蝋の生産量で全国一位に。内子は実にその7割を占めるまでになった。

重伝建の範囲である「八日市・護国の町並み」は、和紙や木蝋で栄えた時代の面影を色濃く残す通りで、南北約６００ｍの通りに１００棟を超える伝統的建造物が立ち並んでいる。

土壁はこの地方特有の浅黄色をしており、白漆喰のなまこ壁や格子窓、大戸や蔀戸を設え、さらに懸魚《げぎょ》や鏝絵《こてえ》で装飾されたりと、惚《ほ》れ惚れするような豪壮な商家が多く、町並みからは往時の繁栄ぶりが窺《うかが》える。

通りには枡形が見られる

現在はゲストハウスの中芳我邸

【交通】
JR「内子駅」から町営路線バス乗車、「内子橋」下車徒歩約7分

旧宇和島街道中町の町並み

宇《う》和《わ》町《ちょう》卯《う》之《の》町《まち》

【愛媛県】西予市宇和町卯之町

［種別］在郷町

幾つもの時代が交差する宇和島藩の在郷町

藩政時代に宇和島藩の在郷町・宿場町として栄えた宇和町卯之町。

旧宇和島街道の中町《なかのちょう》を中心に、白壁、うだつ、出格子などが特徴的な江戸中期から昭和初期にかけての伝統的建造物が良好な状態で残っている。

また、大正期の建築である卯之町教会や明治期の擬洋風建築。開明学校など、洋風建築も点在し、時代の変遷を感じさせる趣《おもむき》深い町並みを形成している。

開明学校は明治15(1882)年に建てられた擬洋風建築

［MAP］

【交通】
JR「卯之町駅」から徒歩約10分

水切瓦が特徴的な吉良川の町並み

吉《き》良《ら》川《がわ》

【高知県】室戸市吉良川町

[MAP]

台風もなんのその水切瓦といしぐろに守られた町並み

[種別]在郷町

古くから林業が盛んな地域で、明治期には木炭の生産が始まった吉良川。

以降、昭和初期にかけて良質な「備長炭」を産出したことからその積み出し港となり、商家や廻船問屋が軒を連ねて大いに栄えた。

ここの特徴は雨水から壁を守る水切瓦と雨に強い土佐漆喰、そして防風から家屋を守る「いしぐろ」と呼ばれる石垣である。

台風が多い土佐地方ならではの知恵が詰まった町並みを見ることができる。

強風から家屋を守るための「いしぐろ」

【交通】
土佐くろしお鉄道「奈半利駅」から高知東部交通バス乗車、「吉良川学校通」下車すぐ

土用竹の生垣が武家屋敷風情を感じさせる

安芸《あき》

【高知県】安芸市土居廓中

江戸の風情が残る生垣と練塀の武家町

[種別]武家町

鎌倉時代に築かれたとされる安芸城に、土佐藩の家老、五藤家が大規模な屋敷を構えたのは江戸時代のこと。

城の周囲には家臣団の武家屋敷が集められ、武家町が形成された。「土《ど》居《い》廓《か》中《ちゅう》」とはこの武家町のことを指す。

ほぼ変わらない町割りと武家屋敷が往時の名残をとどめ、特に瓦と石を用いた練塀や、土用竹やうばめ樫の生垣は、武家町の風情を色濃く感じさせている。

石練塀と瓦練塀を組み合わせた外塀

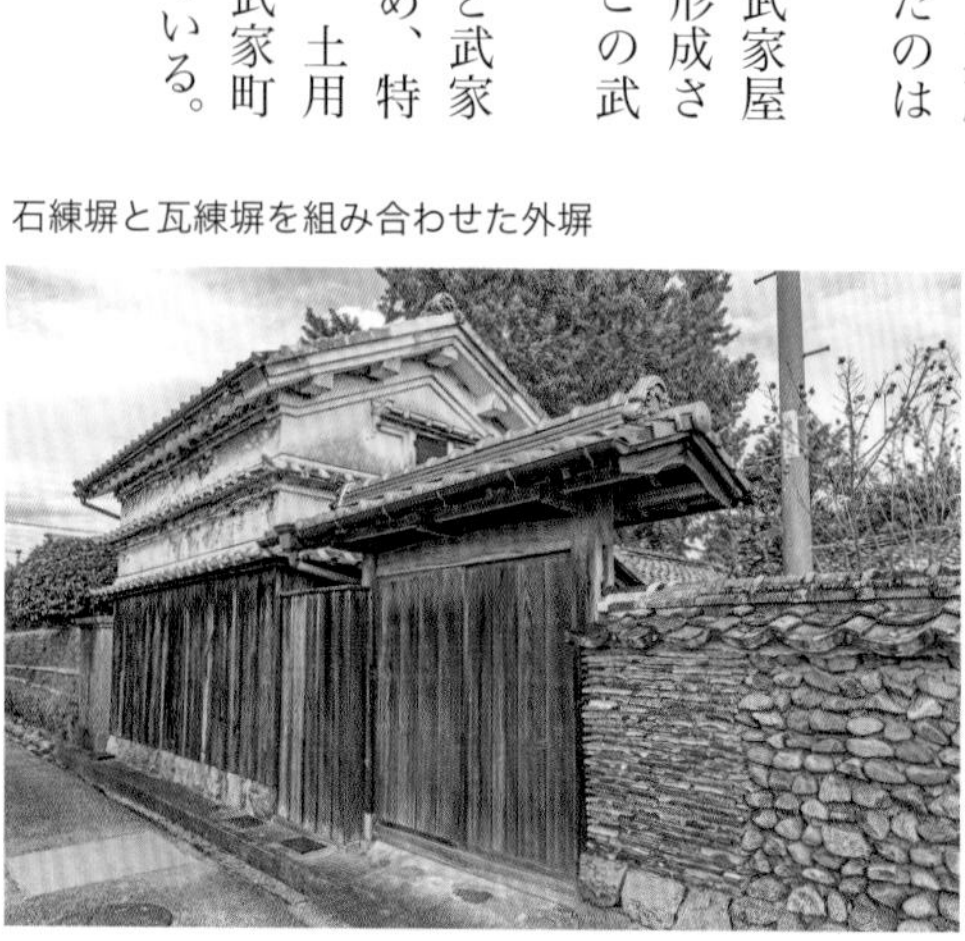

【交通】
土佐くろしお鉄道「安芸駅」から安芸元気バス乗車、「野良時計前」下車徒歩5分

[MAP]

九州・沖縄
嬉野塩田津[P166]
佐賀県嬉野市塩田津
肥前浜宿(浜庄津町浜金屋町)[P164]
佐賀県鹿島市浜庄津町浜金屋町
肥前浜宿(浜中町八本木宿)[P165]
佐賀県鹿島市浜中町八本木宿
有田内山[P168]
佐賀県有田町有田内山
秋月[P163]
福岡県朝倉市
筑後吉井[P161]福岡県うきは市筑後吉井
新川田篭[P162]福岡県うきは市新川田篭
福岡県
佐賀県
大分県
杵築[P176]
大分県杵築市北台南台
日田[P174]
大分県日田市豆田町
神浦[P172]
長崎県平戸市大島村神浦
八女黒木[P160]福岡県八女市黒木
八女福島[P158]福岡県八女市八女福島
長崎県
雲仙神代小路[P173]
長崎県雲仙市神代小路
熊本県
長崎(東山手)[P169]
長崎県長崎市東山手
長崎(南山手)[P170]
長崎県長崎市南山手
椎葉村[P179]
宮崎県椎葉村十根川
宮崎県
美々津[P178]
宮崎県日向市美々津
出水麓[P180]
鹿児島県出水市出水麓
飫肥[P177]
宮崎県日南市飫肥
入来麓[P182]
鹿児島県薩摩川内市入来麓
加世田麓[P183]鹿児島県南さつま市加世田麓
鹿児島県
知覧[P184]鹿児島県南九州市知覧
沖縄県
渡名喜島[P185]
沖縄県渡名喜村
竹富島[P186]沖縄県竹富町

居蔵造りが連なる景観に圧倒される

八《や》女《め》福《ふく》島《しま》

【福岡県】八女市八女福島

［種別］商家町

八女市の中心に残る白壁と伝統工芸の町

夜の帳が下りると居蔵造りが闇に浮かび上がる

[MAP]

八女市の中心、福島は近世に福島城が築かれた場所。江戸幕府の一国一城令によって、わずか30年ほどで福島城は廃城となるが、町人地はそのまま残り、その後は交通の要所として、また商人と職人の町として発展を続けた。

町並みは福島城跡を取り囲むように延びる旧往還道に沿って広がり、城下町だった名残で枡形も残る。江戸時代以降しばしば大火に見舞われたことから、火災対策として妻入入母屋大壁造りの「居蔵《いぐら》」と呼ばれる土蔵造りの町家が多く建てられた。

往時の町割りとともに、江戸後期から昭和初期にかけての居蔵造りを中心とした伝統的建造物が100棟以上残り、重厚な町並みを形成している。

また、八女市は仏壇や提灯をはじめ、石灯籠、和紙、竹細工など多岐にわたる伝統工芸品を生産する町として知られる。職人の町として育んできた歴史は、今もしっかりと息づいている。

旧往還道沿いの町並み

江戸末期に建てられた造り酒屋を改修した「八女市横町町家交流館」

【交通】
JR「羽犬塚駅」から堀川バス乗車、「福島」下車徒歩5分

旧往還道沿いは重厚な居蔵造りが目を引く

八女《やめ》黒木《くろぎ》

【福岡県】八女市黒木

黒木の大藤で知られる街道筋の在郷町

［種別］在郷町

猫尾城の城下町を起源に持つ八女市の黒木地区は、旧往還道（豊後別路）の整備に伴い、江戸時代以降は久留米藩の在郷町として発展した。

茶や炭など、地元の特産物の集散地として栄え、街道沿いには蔵造りの商家が立ち並び大いに賑わった。

その名残は江戸期以降の「居蔵造り」と呼ばれる重厚な町家や隣接する土蔵に見ることができ、矢部川の堰、町中の水路などを含んだ一帯が重伝建に選定されている。

昭和5(1930)年創業のまる昌醤油醸造元

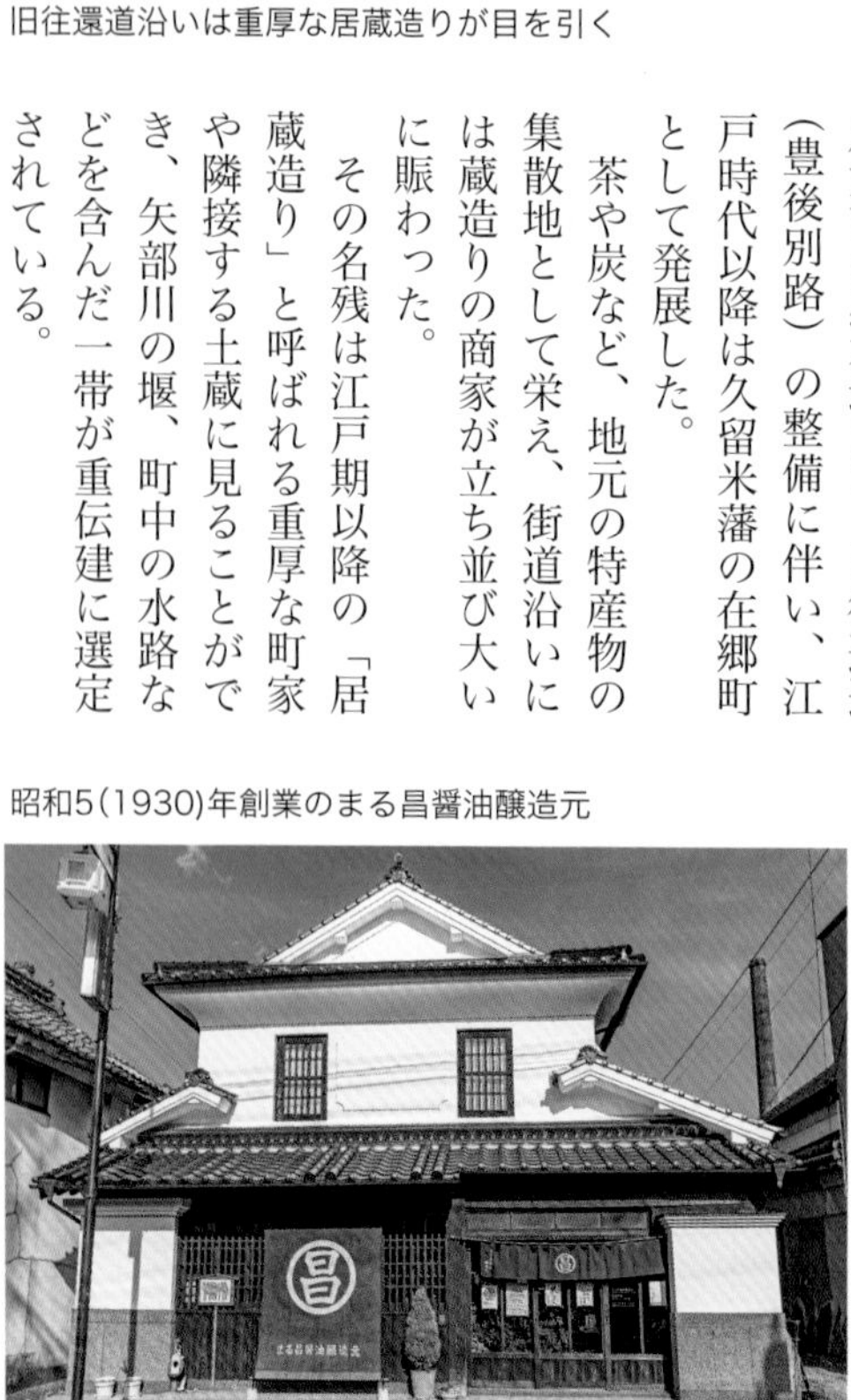

【交通】
JR「羽犬塚駅」から堀川バス乗車、「黒木」下車すぐ

[MAP]

災除川(さいのきがわ)に沿って白壁が映える

筑《ちく》後《ご》吉《よし》井《い》

【福岡県】うきは市筑後吉井

[MAP]

吉井銀がもたらした重厚な白壁の町並み

【種別】在郷町

江戸時代、城下町の久留米と天領日田を結ぶ豊後街道の宿場町として栄えた筑後吉井。

木蝋生産や酒造業、農産物加工品の生産も盛んになり、豪商たちは「吉井銀《よしいがね》」と呼ばれる高利貸しによって、さらなる富を築いた。

明治初期までに三回もの大火に見舞われた経験から、建物は火災に強い土蔵造りへと変化し、居蔵屋と呼ばれる巨大な蔵造りの商家が立ち並ぶ、現在の町並みが完成した。

豊後街道(現・国道210号)沿いの白壁の町並み

【交通】
JR「筑後吉井駅」から
徒歩約15分

新川地区本村集落

新川田篭《にいかわたごもり》

【福岡県】うきは市新川田篭

[MAP]

石垣の棚田と茅葺き民家が残る山村集落

［種別］山村集落

うきは市の新川田篭地区は耳《み》納《のう》連山系の山間部、隈上川沿いの山村集落で、上流側が田篭、下流側が新川となる。

トタンを被せた茅葺き民家が多く見られ、中には重要文化財に指定されている、18世紀後半に建てられたくど造り民家の「平川家住宅」など、茅葺きのまま残るものも見られる。

石垣で築かれた棚田と集落が谷筋に沿って続き、昔ながらの山村集落の景観を創り出している。

くど造り民家「平川家住宅」

【交通】
JR「うきは駅」から車で約20分

秋月城の杉の馬場。春は桜のトンネルになる

秋月《あきづき》

【福岡県】朝倉市秋月

城下町の面影が色濃く残る筑前の小京都

[種別]城下町

鎌倉時代、秋月氏が古処山《こしょさん》に山城を築いたことに始まる秋月は、江戸時代に入ると福岡藩黒田氏が支藩の秋月藩とし、五万石の城下町として整備した。

明治初頭までは城下町として賑わったが、秋月の乱による武家の没落や主要幹線から外れ、近代化から取り残されたことで、城下町の姿がそのまま残ることになった。

町全体が重伝建の範囲で、その美しい景観は「筑前の小京都」と呼ばれている。

もとは秋月藩の御用商人遠藤家が建てた石田家住宅

【交通】
甘木鉄道、西鉄「甘木駅」から甘木観光バス乗車、「博物館前」下車すぐ

[MAP]

茅葺き屋根の旧橋本家(右)と旧筒井家(左)

肥前浜宿《ひぜんはましゅく》(浜庄津町浜金屋町《はましょうづまちはまかなやまち》)

【佐賀県】鹿島市浜庄津町浜金屋町

[種別]港町・在郷町

旧街道に沿って茅葺き民家が残る町並み

江戸時代に長崎街道(多良海道)の宿場町として、浜川の河口に整備された肥前浜宿。

右岸(南側)に広がるのが商人や船乗りが住んだ港町「浜庄津町」と鍛冶屋や大工が住んだ職人町「浜金屋町」で、頭文字を取って「庄金」と呼ばれる二つの地区が重伝建の範囲となっている。

往時は「浜千軒」と呼ばれるほど賑わった面影を、変わらない町割りと街道沿いに点在する茅葺きの町家に見ることができる。

[MAP]

旧長崎街道沿いの町並み

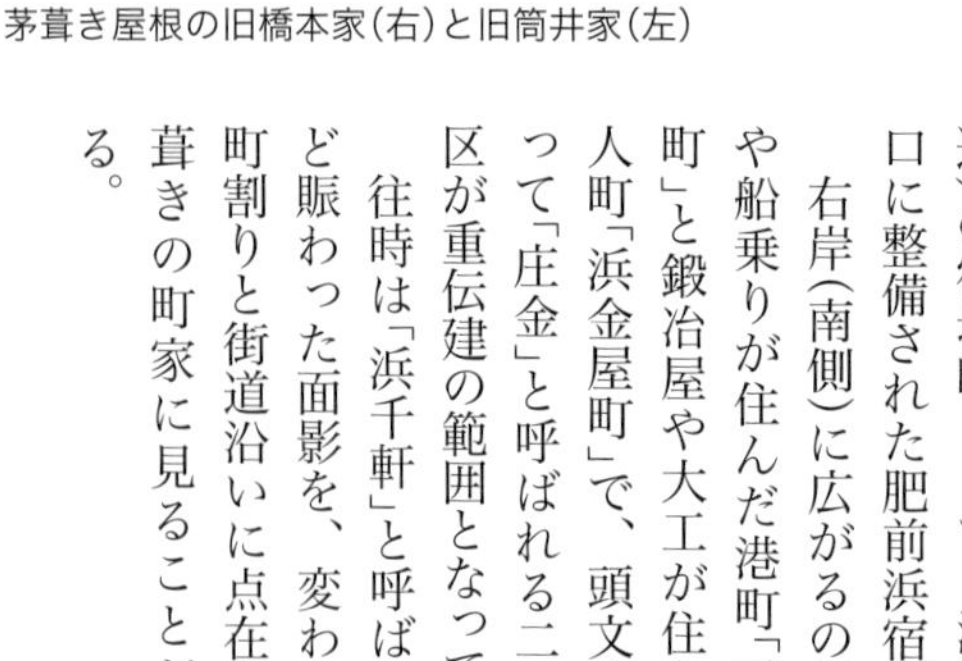

【交通】
JR「肥前浜駅」から徒歩約10分

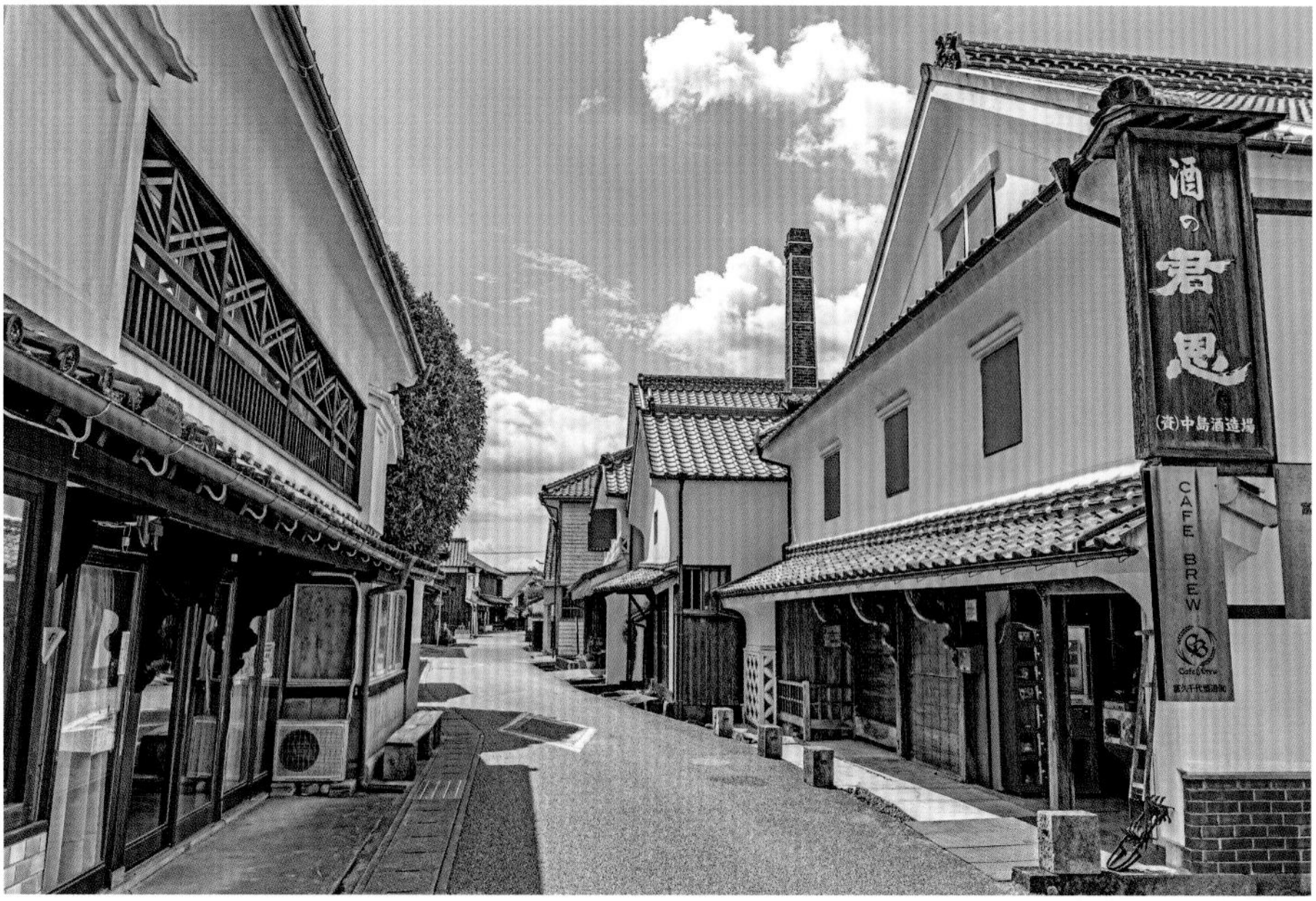

白壁の重厚な建物が立ち並ぶ酒蔵通り

肥前浜宿《ひぜんはましゅく》(浜中町八本木宿《はまなかまちはちほんぎしゅく》)

【佐賀県】鹿島市浜中町八本木宿

[種別]醸造町

酒好きには嬉しい、肥前浜宿「酒蔵通り」

肥前浜宿の浜川左岸(北側)に位置するのが通称「酒蔵通り」と呼ばれる浜中町八本木宿。ここは江戸期以降に酒や醤油の醸造で発展したエリアで、最盛期には十数軒を数え、現在も3軒の酒蔵がその歴史を紡いでいる。

通り沿いには江戸時代から昭和初期頃にかけての酒蔵や重厚な町家、洋風建築などが軒を連ね、脇道に入ると茅葺きの武家屋敷「旧乗田家住宅」が見られる。多様な建築物が残る質の高い町並みである。

瀟洒な洋風建築も見られる

[MAP]

【交通】
JR「肥前浜駅」から徒歩約5分

長崎街道沿いの町並み。右手は重要文化財の西岡家住宅

嬉《うれし》野《の》塩《しお》田《た》津《つ》

【佐賀県】嬉野市塩田津

［種別］商家町

川港と宿場町が交差する歴史の町

[MAP]

入口に立つ消防団の第一分団所は昭和15(1940)年建設

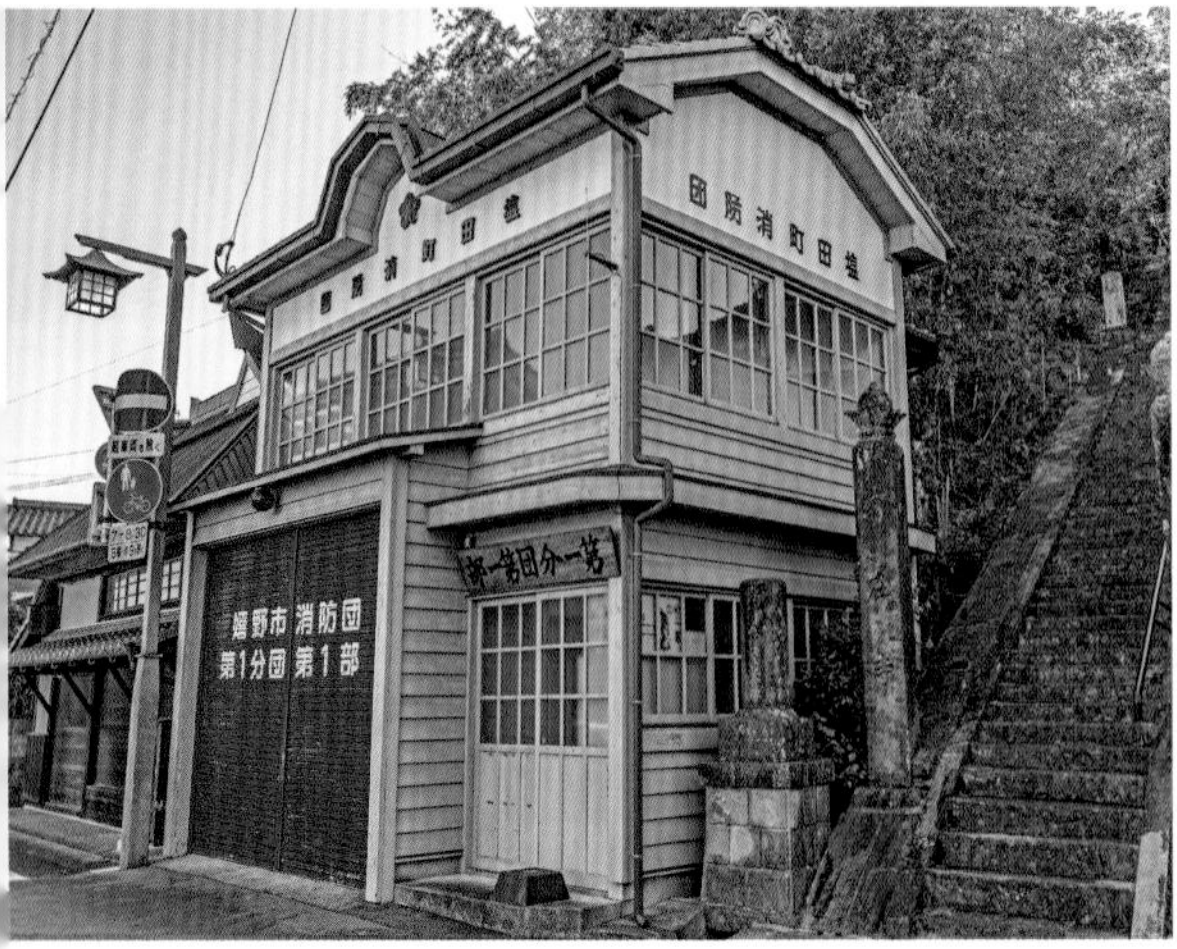

「塩田津」の〝津〟は港や船着き場を意味するが、これはかつてここが塩田川の川港だったことに由来する。さらに長崎街道の宿場「塩田宿」でもあり、二つの顔を持つ珍しい町である。

有明海の干満差を利用して往来した塩田川の水運では、天草の陶石を荷揚げして有田や伊万里へ運び、できた焼き物を出荷するという佐賀藩にとって非常に重要な役目を担っていた。

塩田川は昭和51(1976)年の大規模な氾濫によって付け替えられ、川港としての歴史は終えることになるが、「居蔵家《いぐらや》」と呼ばれる火災や風水害に強い漆喰造りの巨大な町家が重厚な景観を創り出し、旧塩田川にはかつての荷揚場「御蔵浜」や検量所が見られ、水と陸の双方で繁栄した町の名残を随所に感じることができる。

余談だが、旧街道にしては異常に通りが広いのは、明治時代に軽便鉄道を通すために拡幅した名残だという。

塩田川の荷揚場だった「御蔵浜」

かつては人々の往来が盛んだった通りも夜は静か

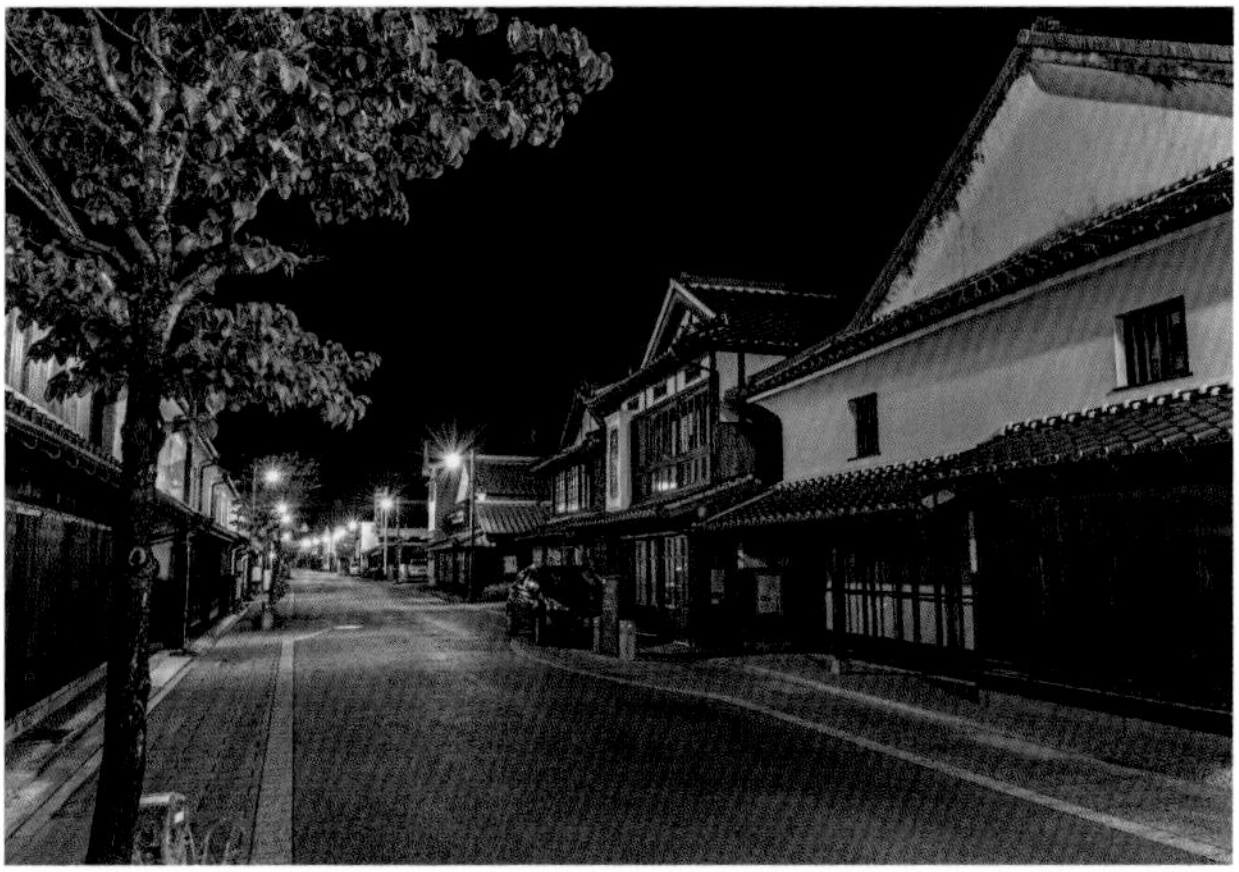

【交通】
JR「肥前鹿島駅」または「武雄温泉駅」から祐徳バス乗車、「嬉野市役所塩田庁舎前」下車すぐ

トンバイ塀のある裏通り

有田内山《ありたうちやま》

【佐賀県】
有田町有田内山

[MAP]

「トンバイ塀」に囲まれた磁器のふるさと

【種別】製磁町

陶磁器の生産が盛んな佐賀県で、有田は日本の磁器発祥の地として知られる。17世紀の初め、陶工の李参平《りさんぺい》が有田の泉山で陶石を発見したことから、この地で磁器の製造が始まった。

約2kmに及ぶ皿山通りには、江戸時代に「有田千軒」と言われるほど賑わった町並みが今なお残り、江戸末期から昭和初期にかけての和風・洋風の建物が立ち並ぶ。

また、裏通りで見られるトンバイ塀が焼き物の町らしい風情を醸《かも》し出している。

皿山通りの町並み

【交通】
JR「上有田駅」から徒歩約10分

東山手十二番館は明治元(1868)年に建てられた

長崎《ながさき》(東山手《ひがしやまて》)【長崎県】長崎市東山手

[MAP]

領事館が立ち並んだ長崎の旧居留地

[種別]港町

東山手地区は安政5(1858)年の五カ国修好通商条約によって設けられた開港場のひとつで、大浦川右岸の高台にある。各国の領事館が多く建てられ、当時は「領事館の丘」とも呼ばれた。

その名残は今なお色濃く、旧領事館の東山手甲十三番館や東山手十二番館のほか、7棟が連なる洋風住宅群などが残り、オランダ坂の石畳や石段とともに居留地時代を偲ばせる町並みを見ることができる。

オランダ坂は外国人を「オランダさん」と呼んだことに由来

【交通】
JR「長崎駅」から路面電車乗車、「石橋」下車徒歩5分

旧グラバー住宅（1863年）は現存する日本最古の洋風木造建築

長崎《ながさき》（南山手《みなみやまて》）

【長崎県】長崎市南山手

［種別］港町

英国商人たちが住居を構えた高台の旧居留地

［MAP］

大浦天主堂は現存する日本最古のカトリック教会

南山手は大浦川の左岸、谷を挟んで東山手とは反対側に位置する旧居留地。こちらは主に住宅地として使用され、現在はその一角がグラバー園として野外博物館のようになっている。

代表格の旧グラバー住宅は、造船、製鉄、石炭などの分野で日本の近代化に多大な貢献をしたイギリス商人トーマス・ブレーク・グラバーの住居。文久3（1863）年の建築で、現存する洋風木造建築としては日本最古となる。旧リンガー住宅、旧オルト住宅も同時期の建物で、グラバー園はこの3棟があった敷地にいくつかの建造物を移築して公開している。

グラバー園の隣には日本最古のカトリック教会堂の「大浦天主堂」が立ち、こちらも南山手を代表する建造物で、連日多くの観光客で賑わう。

また、高台に位置する南山手は眺望にも優れ、特に夜景の美しさは格別。可能なら昼夜ともに訪れることをお勧めしたい。

グラバー園の夜景。通年ではないが夜間開園される

南山手から東山手を望む。すり鉢状の地形なのがよく分かる

【交通】
JR「長崎駅」から路面電車乗車、「大浦天主堂」下車徒歩5分

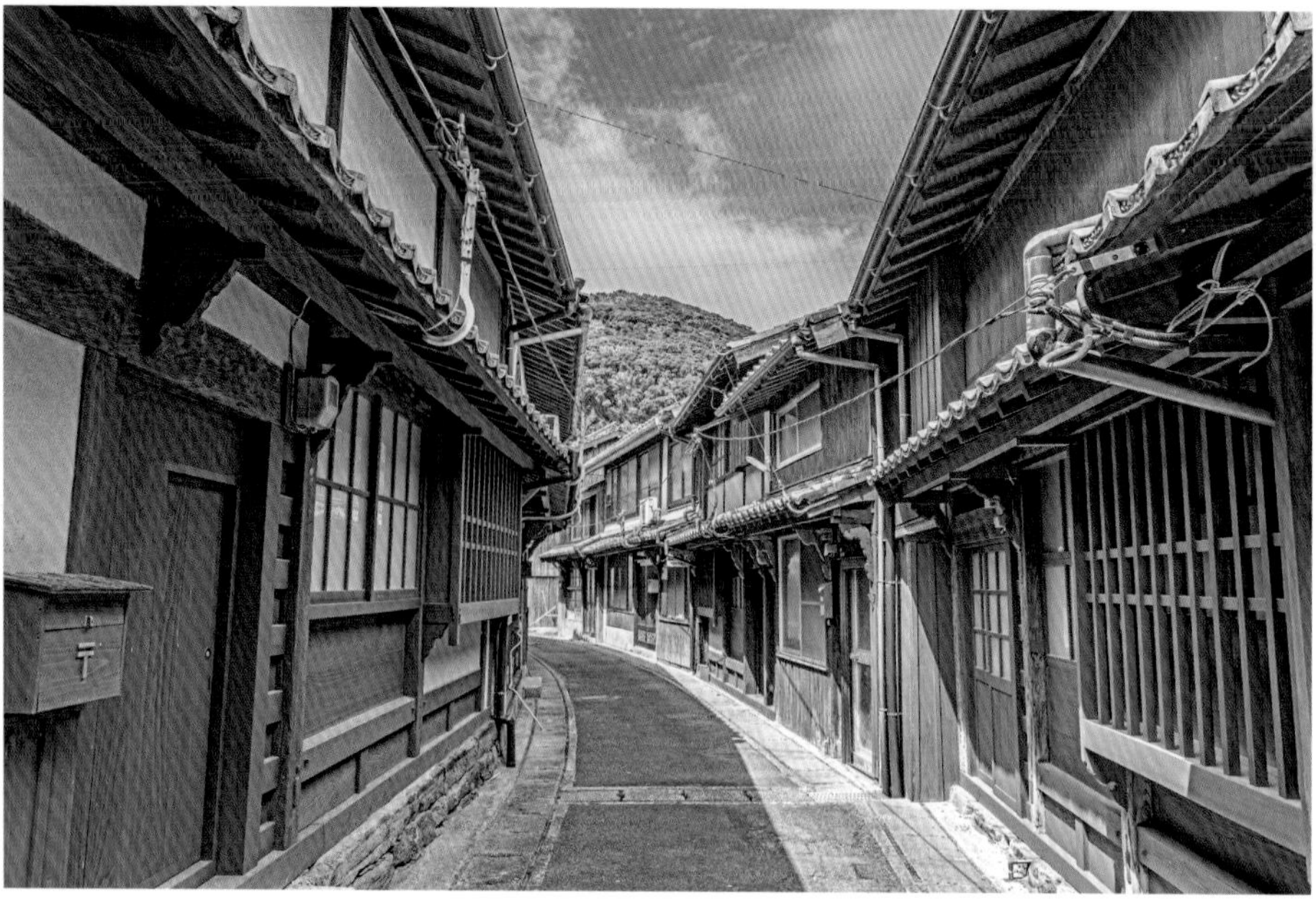

細い路地に家々が密集して立ち並ぶ

神浦《こうのうら》

【長崎県】平戸市大島村神浦

[種別]港町

捕鯨で栄えた離島の港町

平戸市の離島、的山《あづち》大島《おおしま》の神浦は江戸時代に捕鯨業で栄えた地域。

捕鯨は江戸中期には廃れてしまうが、その後は町家が建てられ、現在の町並みができ上がった。

入り江に沿って湾曲した細い路地に江戸中期から昭和初期にかけての建物が立ち並ぶ景観は趣深く、時代ごとに異なる腕木の意匠を眺めるのも楽しい。

なお、蛇足ではあるが、入り江の形が鯨の尾のように見えるのが、何とも興味深い。

入り江を取り囲むように町がつくられている

【交通】
「平戸港」からフェリー大島に乗船、「的山港」から大島バス乗車、「天降神社前」下車すぐ

[MAP]

石垣や生垣、長屋門が武家町の名残をとどめる

雲仙《うんぜん》神代《こうじろ》小路《くうじ》

【長崎県】雲仙市神代小路

［種別］武家町

鍋島藩の飛び地領だった小さな武家町

豊臣秀吉の九州国割によって佐賀藩神代鍋島家の領地となった雲仙市（旧・国見町）の神代地区は、四代当主・鍋島嵩就のときに旧鶴亀城に陣屋を構え、武家地を整備したことに始まる。

西側が城山、あとの三方を川に囲まれた防備に適した立地には、江戸時代の地割りが残り、武家屋敷の主屋や長屋門とともに石垣や生垣、水路等の周辺環境が相まって、武家町風情豊かな景観を今に伝えている。

地区内の「鍋島邸」は国の重要文化財

[MAP]

【交通】
島原鉄道「神代駅」から徒歩約10分

御幸通りの町並み

日《ひ》田《た》

【大分県】日田市豆田町

[MAP]

［種別］商家町

天領となって栄えた豪商の町

夜の魚町通り

江戸初期に築かれた永山城の城下町に始まる日田は、三隈川《みくまがわ》とその支流が何本も流れる水郷の町。また、九州北部のほぼ中央にあたることから、交通の要衝でもあった。

寛永16（1639）年には幕府の天領になり、陣屋町として発展。西国の大名を監視するための拠点、西国筋郡代《さいごくすじぐんだい》が置かれるなど、幕府にとって不可欠な重要拠点となった。

さらに日田商人たちは郡代から幕府の公金を管理する掛屋に指定され、諸藩に貸し付けることで莫大な利益を得た。

一大商業地としての名残は、南北に二本、東西に五本の通りが交わる整然とした町割りと、幾度かの大火を契機に再建された居蔵造りの重厚な町家に見ることができ、近代の洋館や昭和初期の三階建てなど、多彩な建築様式が町並みを形成している。

その美しい町並みは、国土交通省の「美しいまちなみ大賞」を受賞するなど、多方面から高く評価されている。

城下町の名残の枡形。右手は草野本家

魚町通りにある「廣瀬資料館」

【交通】
JR「日田駅」から徒歩約20分

「塩屋の坂」から眺める「酢屋の坂」は杵築を代表する景観

杵《き》築《つき》

【大分県】杵築市北台南台

唯一無二のサンドイッチ形城下町

［種別］武家町

南北の高台が武家地、その谷間が町人地という全国でも類を見ない杵築の城下町は、その特異な地形から「サンドイッチ形城下町」と呼ばれる。

　坂の上から眺める立体感のある景観があまりにも有名だが、町並みそのものにも目を向けてみよう。

　商人の町は白壁の町家が良好に残り、老舗商店が今も営業を続ける。両側を土塀に囲まれた武家屋敷通りは江戸時代の風情そのままで、大原邸を代表とする武家屋敷が立ち並んでいる。

武家屋敷通り。左手は能見邸

【交通】
JR「杵築駅」から大分交通バス乗車、「杵築バスターミナル」下車徒歩5分

[MAP]

凛とした佇まいを見せる飫肥城大手門

飫肥《おび》

【宮崎県】日南市飫肥

[種別]武家町

江戸の面影が息づく小さな城下町

昭和52（1977）年に九州・沖縄地方では初の重伝建選定地となった飫肥は、安土桃山時代から明治初期まで、伊東氏による飫肥藩五万一千石の城下町として栄えた。

城の周囲に上級家臣、城下に中下級家臣や町家を配置した当時の町割りは今なお残り、飫肥城大手門、本丸御殿「松尾の丸」が復元されたほか、藩校や武家屋敷が点在し、掘割を鯉が優雅に泳ぎ回る。

その風情は江戸時代そのものである。

掘割を鯉が優雅に泳ぐ

【交通】
JR「飫肥駅」から徒歩約15分

[MAP]

美《み》々《み》津《つ》

【宮崎県】日向市美々津

随所に関西を感じる、美々津千軒と呼ばれた港町

[種別]港町

耳川の河口に位置する美々津は、江戸時代に高鍋藩の商業港として発展した港町。

幕末から大正期にかけては廻船業で栄え、「美々津千軒」と言われるほどの賑わいを町にもたらした。

上方との交易の拠点であったことから、物資のみならず文化にもその影響を受けており、それは格子の町家や虫籠窓といった建築様式や、河内屋・播磨屋など畿内の地名を用いた屋号に見て取ることができる。

東側の通り「中町」の町並み

美々津軒(旧矢野家)は明治時代の商家

[MAP]

【交通】
JR「美々津駅」から南部ぷらっとバス乗車、「立縫の里」下車すぐ

家々は石垣の上に立つ

椎《しい》葉《ば》村《そん》

【宮崎県】椎葉村十根川

石垣の上に並列型民家が立ち並ぶ山村集落

[種別]山村集落

宮崎県北部の椎葉は、平家の落人伝説が残る山深い村。

村の中心部から約10㎞離れた重伝建の十根川集落は、標高約５５０ｍの山あいに位置する山村集落で、険しい斜面に石垣を築いて建てられた、部屋を横一列に並べた「椎葉型」と呼ばれる建築様式の民家が見られる。

石垣や棚田、周囲の山林に独特の建築物が調和した美しい山村の風景が、他では見られない独自の歴史的景観を今に伝えている。

斜面上に集落があることがよくわかる

【交通】
JR「日向市駅」から宮崎交通バス乗車、「役場前」下車、「役場前」から村営バス乗車、「十根川」下車徒歩約25分

[MAP]

諏訪馬場通り。水害対策で屋敷が一段高くなっている

出水麓《いずみふもと》

【鹿児島県】
出水市出水麓

［種別］武家町

国境の防衛を担った薩摩藩最大級の外城

［MAP］

公開武家屋敷「税所邸」の上座敷

江戸時代の薩摩藩は、武士の割合が全領民の4分の1を占めるという突出ぶりだった。そのため、本城の鶴丸城（鹿児島城）の他、藩内各地の主に山城の跡に「外城《とじょう》」と呼ばれる拠点を100カ所以上設け、その周辺に「麓《ふもと》」と呼ばれる集落を築いて武士たちを住まわせた。

その中でも肥後国との国境に近く、最も重要な拠点として最初に築かれ、規模も最大級を誇ったのが出水麓である。

優秀な武士が集められ、およそ3000人が居住したとされる出水麓は、碁盤の目状の整然とした町割りに川石を積み上げた石垣、生垣や武家門などが400年の時を超えてもなお変わらぬ姿で佇んでいる。

東西約700m、南北約800mの地区内には約150の武家屋敷が現存するが、そのうち大河ドラマ『篤姫』のロケ地にもなった「竹添《たけぞえ》邸」と、隣り合う「税所《さいしょ》邸」が公開武家屋敷として見学できる。

明治期築の「宮路邸」は武家屋敷ホテルへ再生された

出水小学校の正門は江戸時代の御仮屋門

【交通】
JR「出水駅」から徒歩約25分

玉石垣で整然と区画されている入来麓

入来麓《いりきふもと》

【鹿児島県】薩摩川内市入来麓

玉石垣と生垣が連なる薩摩藩の麓

［種別］武家町

入来の歴史は鎌倉時代、相模国の渋谷氏が地頭としてこの地に入り、「入来院」と名乗って清色《きよしき》城を築いたことに始まる。入来院氏はのちに島津家の家臣となり、薩摩藩の外城の麓として入来の統治を任された。

近世に出来上がった曲線的な町割りを残し、東に流れる樋脇川の石を使った玉石垣とその上の生垣によって、町並みは整然と区画されている。点在する武家屋敷や武家門とともに武家町の名残を良好にとどめている。

庶流入来院家のかやぶき門

【交通】
JR「川内(せんだい)駅」から鹿児島交通バス乗車、「入来支所前」下車すぐ

[MAP]

旧鯵坂邸の武家門

加《か》世《せ》田《だ》麓《ふもと》

【鹿児島県】南さつま市加世田麓

近世と近代が共存する薩摩藩の麓

［種別］武家町

二つの山城に挟まれた加世田は、近世まで薩摩藩の外城「麓」のひとつとして栄えた武家町。

その名残は石垣やイヌマキの生垣、武家門などに見られ、用水路とその上に架けられた石橋が美しい。

また、近代以降は鉄道や街道の拠点として発展した。そのため明治以降の近代和風住宅や下見板張りの洋風医院建築なども点在し、同じ麓でも知覧や出水とは趣の異なる独特の景観を楽しむことができる。

加世田麓の町並み。水路沿いの石橋や生垣が美しい

【交通】
JR「鹿児島中央駅」から鹿児島交通バス乗車、「加世田」下車、「加世田」から鹿児島交通バス乗車、「竹田神社前」下車すぐ

[MAP]

石垣と生垣が整然と続く本馬場通り

知《ち》覧《らん》

【鹿児島県】南九州市知覧

見事な庭園が見られる薩摩の小京都

[種別]武家町

藩政時代、薩摩藩の外城のひとつだった知覧には、江戸中期に整備されたと言われる武家屋敷群が本馬場通りに沿って残っている。

中央付近が鉤形《かぎがた》になった通りの両側に石垣と生垣が整然と続き、武家門をくぐった先には国の名勝にも指定されている7つの庭園が見られる。

母ヶ岳を借景とし、築山泉水式や枯山水式を取り入れた庭園は実に優雅で美しい。知覧が「薩摩の小京都」と呼ばれる由縁がここにある。

通りは中央付近で鉤形に曲がっている

【交通】
JR「鹿児島中央駅」から鹿児島交通バス乗車、「武家屋敷入口」下車すぐ

[MAP]

フクギの防風林と赤瓦の屋根が独特の景観を生み出している

渡《と》名《な》喜《き》島《じま》

【沖縄県】渡名喜村渡名喜島

[MAP]

【種別】島の農村集落

フクギ並木と赤瓦が美しい、沖縄の原風景が残る島

那覇からフェリーで約2時間の渡名喜島は周囲12・5㎞。島の北部の集落は、そのすべての範囲が重伝建に含まれている。

集落を歩くと白砂の道路に赤瓦の民家、そして防風林としてのフクギ並木が立ち並ぶ、沖縄の原風景とも言えるようなノスタルジックな光景が広がる。

家々が道路より1mほど低い「掘り下げ屋敷」となっているのが特徴的だが、フクギと同様、こちらも台風への強風対策となっている。

渡名喜村「村並センター」

【交通】
「那覇泊港」から久米島行きフェリー乗船、「渡名喜港」下車すぐ

赤瓦の家並みが美しい竹富島

竹富島《たけとみじま》

【沖縄県】竹富町竹富島

[MAP]

[種別]島の農村集落

スローな時間が流れる、古き良き沖縄が残る島

夜の集落。日中とは違う表情を見せる

石垣島から高速船で10分の竹富島は、八重山諸島に属する一周9・2㎞の小さな島。集落は島の真ん中からやや北西部に位置し、東集落（アイノタ）、西集落（インノタ）、仲筋集落（ナージ）と3つに分かれており、そのすべてが重伝建の範囲となっている。

集落内は白砂が敷き詰められた道路に沿って、珊瑚の石垣に囲まれた赤瓦の家々が立ち並ぶ。入口には「マイヤシ」と呼ばれる魔除けの石積みが立ち、屋根には同じく魔除けのシーサーが乗る。

この統一感のある家並みをフクギの防風林や鮮やかなブーゲンビリアが彩り、沖縄の伝統的な景観が今も手つかずの姿で残る。

この美しい島は、是非とも水牛車に乗って巡ることをお勧めしたい。ガイドさんの話と三線《さんしん》の音色に耳を傾けながらゆっくりと水牛に引かれ、絵になるような町並みを眺める。それはきっと何物にも代えがたい素敵な時間になるだろう。

石垣、白砂も珊瑚でできている

水牛車に乗ってのんびり集落を巡ろう

【交通】
「石垣港離島ターミナル」からフェリーで「竹富港」下船、集落までは徒歩20分

重要伝統的建造物群保存地区一覧

令和5年12月15日現在

No	都道府県	地区名称	種別	選定年月日	選定基準	面積(ha)
1	北海道	函館市元町末広町	港町	1989年 4月21日	3	14.5
2	青森	弘前市仲町	武家町	1978年 5月31日	2	10.6
3	青森	黒石市中町	商家町	2005年 7月22日	1	3.1
4	岩手	金ケ崎町城内諏訪小路	武家町	2001年 6月15日	2	34.8
5	宮城	村田町村田	商家町	2014年 9月18日	1	7.4
6	秋田	横手市増田	在郷町	2013年12月27日	2	10.6
7	秋田	仙北市角館	武家町	1976年 9月 4日	2	6.9
8	福島	喜多方市小田付	在郷町・醸造町	2018年 8月17日	2	15.5
9	福島	下郷町大内宿	宿場町	1981年 4月18日	3	11.3
10	福島	南会津町前沢	山村集落	2011年 6月20日	3	13.3
11	茨城	桜川市真壁	在郷町	2010年 6月29日	2	17.6
12	栃木	栃木市嘉右衛門町	在郷町	2012年 7月 9日	2	9.6
13	群馬	桐生市桐生新町	製織町	2012年 7月 9日	2	13.4
14	群馬	中之条町六合赤岩	山村・養蚕集落	2006年 7月 5日	3	63.0
15	埼玉	川越市川越	商家町	1999年12月 1日	1	7.8
16	千葉	香取市佐原	商家町	1996年12月10日	3	7.1
17	新潟	佐渡市宿根木	港町	1991年 4月30日	3	28.5
18	富山	高岡市山町筋	商家町	2000年12月 4日	1	5.5
19	富山	高岡市金屋町	鋳物師町	2012年12月28日	1	6.4
20	富山	高岡市吉久	在郷町	2020年12月23日	2	4.1
21	富山	南砺市相倉	山村集落	1994年12月21日	3	18.0
22	富山	南砺市菅沼	山村集落	1994年12月21日	3	4.4
23	石川	金沢市東山ひがし	茶屋町	2001年11月14日	1	1.8
24	石川	金沢市主計町	茶屋町	2008年 6月 9日	1	0.6
25	石川	金沢市卯辰山麓	寺町	2011年11月29日	2	22.1
26	石川	金沢市寺町台	寺町	2012年12月28日	2	22.0
27	石川	輪島市黒島地区	船主集落	2009年 6月30日	2	20.5
28	石川	加賀市加賀橋立	船主集落	2005年12月27日	2	11.0
29	石川	加賀市加賀東谷	山村集落	2011年11月29日	3	151.8
30	石川	白山市白峰	山村・養蚕集落	2012年 7月 9日	3	10.7
31	福井	小浜市小浜西組	商家町・茶屋町	2008年 6月 9日	2	19.1
32	福井	南越前町今庄宿	宿場町	2021年 8月 2日	2	9.2
33	福井	若狭町熊川宿	宿場町	1996年 7月 9日	3	10.8
34	山梨	甲州市塩山下小田原上条	山村・養蚕集落	2015年 7月 8日	3	15.1
35	山梨	早川町赤沢	山村・講中宿	1993年 7月14日	3	25.6
36	長野	長野市戸隠	宿坊群・門前町	2017年 2月23日	2	73.3
37	長野	塩尻市奈良井	宿場町	1978年 5月31日	3	17.6
38	長野	塩尻市木曽平沢	漆工町	2006年 7月 5日	2	12.5
39	長野	千曲市稲荷山	商家町	2014年12月10日	2	13.0
40	長野	東御市海野宿	宿場・養蚕町	1987年 4月28日	1	13.2
41	長野	南木曽町妻籠宿	宿場町	1976年 9月 4日	3	1245.4
42	長野	白馬村青鬼	山村集落	2000年12月 4日	3	59.7

[重要伝統的建造物群保存地区選定基準]
1. 伝統的建造物群が全体として意匠的に優秀なもの
2. 伝統的建造物群及び地割がよく旧態を保持しているもの
3. 伝統的建造物群及びその周囲の環境が地域的特色を顕著に示しているもの

No	都道府県	地区名称	種別	選定年月日	選定基準	面積(ha)
43	岐阜	高山市三町	商家町	1979年 2月 3日	1	4.4
44	岐阜	高山市下二之町大新町	商家町	2004年 7月 6日	1	6.6
45	岐阜	美濃市美濃町	商家町	1999年 5月13日	1	9.3
46	岐阜	恵那市岩村町本通り	商家町	1998年 4月17日	3	14.6
47	岐阜	郡上市郡上八幡北町	城下町	2012年12月28日	3	14.1
48	岐阜	白川村荻町	山村集落	1976年 9月 4日	3	45.6
49	静岡	焼津市花沢	山村集落	2014年 9月18日	3	19.5
50	愛知	名古屋市有松	染織町	2016年 7月25日	1	7.3
51	愛知	豊田市足助	商家町	2011年 6月20日	1	21.5
52	三重	亀山市関宿	宿場町	1984年12月10日	3	25.0
53	滋賀	大津市坂本	里坊群・門前町	1997年10月31日	3	28.7
54	滋賀	彦根市河原町芹町地区	商家町	2016年 7月25日	2	5.0
55	滋賀	近江八幡市八幡	商家町	1991年 4月30日	1	13.1
56	滋賀	東近江市五個荘金堂	農村集落	1998年12月25日	3	32.2
57	京都	京都市上賀茂	社家町	1988年12月16日	3	2.7
58	京都	京都市産寧坂	門前町	1976年 9月 4日	3	8.2
59	京都	京都市祇園新橋	茶屋町	1976年 9月 4日	1	1.4
60	京都	京都市嵯峨鳥居本	門前町	1979年 5月21日	3	2.6
61	京都	南丹市美山町北	山村集落	1993年12月 8日	3	127.5
62	京都	伊根町伊根浦	漁村	2005年 7月22日	3	310.2
63	京都	与謝野町加悦	製織町	2005年12月27日	2	12.0
64	大阪	富田林市富田林	寺内町・在郷町	1997年10月31日	1	12.9
65	兵庫	神戸市北野町山本通	港町	1980年 4月10日	1	9.3
66	兵庫	豊岡市出石	城下町	2007年12月 4日	2	23.1
67	兵庫	丹波篠山市篠山	城下町	2004年12月10日	2	40.2
68	兵庫	丹波篠山市福住	宿場町・農村集落	2012年12月28日	3	25.2
69	兵庫	養父市大屋町大杉	山村・養蚕集落	2017年 7月31日	3	5.8
70	兵庫	たつの市龍野	商家町・醸造町	2019年12月23日	1	15.9
71	奈良	橿原市今井町	寺内町・在郷町	1993年12月 8日	1	17.4
72	奈良	五條市五條新町	商家町	2010年12月24日	1	7.0
73	奈良	宇陀市松山	商家町	2006年 7月 5日	1	17.0
74	和歌山	湯浅町湯浅	醸造町	2006年12月19日	2	6.3
75	鳥取	倉吉市打吹玉川	商家町	1998年12月25日	1	9.2
76	鳥取	若桜町若桜	商家町	2021年 8月 2日	3	9.5
77	鳥取	大山町所子	農村集落	2013年12月27日	3	25.8
78	島根	大田市大森銀山	鉱山町	1987年12月 5日	3	162.7
79	島根	大田市温泉津	港町・温泉町	2004年 7月 6日	2	36.6
80	島根	津和野町津和野	武家町・商家町	2013年 8月 7日	2	11.1
81	岡山	倉敷市倉敷川畔	商家町	1979年 5月21日	1	15.0
82	岡山	津山市城東	商家町	2013年 8月 7日	1	8.1
83	岡山	津山市城西	寺町・商家町	2020年12月23日	2	12.0
84	岡山	高梁市吹屋	鉱山町	1977年 5月18日	3	6.4

No	都道府県	地区名称	種別	選定年月日	選定基準	面積(ha)
85	岡山	矢掛町矢掛宿	宿場町	2020年12月23日	2	11.5
86	広島	呉市豊町御手洗	港町	1994年 7月 4日	2	6.9
87	広島	竹原市竹原地区	製塩町	1982年12月16日	1	5.0
88	広島	福山市鞆町	港町	2017年11月28日	2	8.6
89	広島	廿日市市宮島町	門前町	2021年 8月 2日	2	16.8
90	山口	萩市堀内地区	武家町	1976年 9月 4日	2	55.0
91	山口	萩市平安古地区	武家町	1976年 9月 4日	2	4.0
92	山口	萩市浜崎	港町	2001年11月14日	2	10.3
93	山口	萩市佐々並市	宿場町	2011年 6月20日	2	20.8
94	山口	柳井市古市金屋	商家町	1984年12月10日	1	1.7
95	徳島	美馬市脇町南町	商家町	1988年12月16日	1	5.3
96	徳島	三好市東祖谷山村落合	山村集落	2005年12月27日	3	32.3
97	徳島	牟岐町出羽島	漁村集落	2017年 2月23日	3	3.7
98	香川	丸亀市塩飽本島町笠島	港町	1985年 4月13日	3	13.1
99	愛媛	宇和島市津島町岩松	在郷町	2023年12月15日	3	10.6
100	愛媛	西予市宇和町卯之町	在郷町	2009年12月 8日	2	4.9
101	愛媛	内子町八日市護国	製蝋町	1982年 4月17日	3	3.5
102	高知	室戸市吉良川町	在郷町	1997年10月31日	1	18.3
103	高知	安芸市土居廓中	武家町	2012年 7月 9日	2	9.2
104	福岡	八女市八女福島	商家町	2002年 5月23日	2	19.8
105	福岡	八女市黒木	在郷町	2009年 6月30日	3	18.4
106	福岡	うきは市筑後吉井	在郷町	1996年12月10日	3	20.7
107	福岡	うきは市新川田篭	山村集落	2012年 7月 9日	3	71.2
108	福岡	朝倉市秋月	城下町	1998年 4月17日	2	58.6
109	佐賀	鹿島市浜庄津町浜金屋町	港町・在郷町	2006年 7月 5日	2	2.0
110	佐賀	鹿島市浜中町八本木宿	醸造町	2006年 7月 5日	1	6.7
111	佐賀	嬉野市塩田津	商家町	2005年12月27日	2	12.8
112	佐賀	有田町有田内山	製磁町	1991年 4月30日	3	15.9
113	長崎	長崎市東山手	港町	1991年 4月30日	2	7.5
114	長崎	長崎市南山手	港町	1991年 4月30日	2	17.0
115	長崎	平戸市大島村神浦	港町	2008年 6月 9日	2	21.2
116	長崎	雲仙市神代小路	武家町	2005年 7月22日	2	9.8
117	大分	日田市豆田町	商家町	2004年12月10日	2	10.7
118	大分	杵築市北台南台	武家町	2017年11月28日	2	16.1
119	宮崎	日南市飫肥	武家町	1977年 5月18日	2	19.8
120	宮崎	日向市美々津	港町	1986年12月 8日	2	7.2
121	宮崎	椎葉村十根川	山村集落	1998年12月25日	3	39.9
122	鹿児島	出水市出水麓	武家町	1995年12月26日	2	43.8
123	鹿児島	薩摩川内市入来麓	武家町	2003年12月25日	2	19.2
124	鹿児島	南さつま市加世田麓	武家町	2019年12月23日	2	20.0
125	鹿児島	南九州市知覧	武家町	1981年11月30日	2	18.6
126	沖縄	渡名喜村渡名喜島	島の農村集落	2000年 5月25日	3	21.4
127	沖縄	竹富町竹富島	島の農村集落	1987年 4月28日	3	38.3

[重要伝統的建造物群保存地区選定基準]
1. 伝統的建造物群が全体として意匠的に優秀なもの
2. 伝統的建造物群及び地割がよく旧態を保持しているもの
3. 伝統的建造物群及びその周囲の環境が地域的特色を顕著に示しているもの

おわりに

ライフワークとして全国の古い町並みや集落、商店街などを巡るようになってかれこれ十年以上は経ったように思う。再開発によって消えゆく建物や地域がある一方、価値が認められて保存される町並みがある。今回取り上げたのはもちろん後者のほうである。

このたび、思いがけないことから出版の話を頂き、既に一度は足を運んでいた全国の重伝建を撮影のために再訪することになった。人が写らない写真を撮るとなると、おのずと時間帯が早朝に限定されてしまい、しかも私は夜景も撮るので大体が寝不足になりがち。平日仕事をしながら週末は、ほぼ毎週遠征のような生活が続き、特に夏場などは体力的に本当にきつかった。

そんな苦労を約一年重ね、古い町並みと本気で向き合ってみて抱いたのは、やはり地元の方への感謝の思いだった。町並みの保存は住民の努力や忍耐なくして成り立たないものであり、それは現地に足を運んだり旅館に泊まって話を聞いたりする中で改めて強く感じる部分であった。

昨今、少子高齢化やライフスタイルの変化などで重伝建と言えども、空き家問題に直面したり歴史的建造物が取り壊されたりといった話をしばしば耳にするようになった。地元の方が誇りを持って守り続けてきた町並みを後世に繋ぐために、古い町並みや町並み保存に興味を持たれる方が、一人でも増えるきっかけになれば、これ以上の喜びはないと思っている。

最後に、今回出版の機会を与えて下さった出版社、多大なるサポートを頂いた編集者の神崎夢現氏、さらには行った先々でお世話になった現地の方々、そして本書を手に取って頂いたすべての皆様に感謝を申し上げます。

２０２４年２月　町井成史

【著者紹介】
町井成史(Narufumi Machii)

1982年愛知県生まれ。神戸市在住。写真家。本業であるエンジニアの傍ら、夜景撮影と町歩きで全国をめぐり、2013年に夜景情報サイト「使い道のない風景」、2014年にブログ「レトロな風景を訪ねて」を開設。夜景はこれまでに国内外1000カ所を超える撮影地を訪問。町歩きは近年、古い町並みや老舗旅館の魅力を発信すべく各地を訪ねている。長年対照的な被写体を撮り続けるなか、2023年に両者をかけ合わせた同人写真集『Nostalgic Nightview』を刊行。テレビ番組や書籍、web媒体への画像提供実績多数。

■使い道のない風景
https://nightview.useless-landscape.com/
■レトロな風景を訪ねて
https://retro.useless-landscape.com/

STAFF
撮影　町井成史
編集・AD　神崎夢現[mugenium inc.]
本文デザイン・DTP　小石和男
企画　mugenium inc.

全国重伝建紀行《ぜんこくじゅうでんけんきこう》
[重要伝統的建造物群保存地区《じゅうようでんとうてきけんぞうぶつぐんほぞんちく》]
第1刷　2024年3月25日

著者　町井成史

発行者　菊地克英

発　行　株式会社東京ニュース通信社
〒104-6224東京都中央区晴海1-8-12
電話:03-6367-8023

発　売　株式会社講談社
〒112-8001東京都文京区音羽2-12-21
電話 03-5395-3606

印刷・製本　株式会社シナノ

ISBN 978-4-06-535072-0

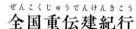